Volk und Staat

Heinar Schilling

Volk und Staat

Geschichtliche Abhandlungen
aus dem „Schwarzen Korps"

Springer Fachmedien Wiesbaden GmbH

H. S. 85

Januar, März und Juli 1937

ISBN 978-3-663-19833-8 ISBN 978-3-663-20168-7 (eBook)
DOI 10.1007/978-3-663-20168-7

Umschlag O. Schmalhausen, Berlin-Wilmersdorf

Vorwort

Das vorliegende Buch stellt einen vollständigen Abdruck dreier Aufsatzreihen dar, die in den Folgen 14–18, 20–25 1937 und 1–6 1938 des „Schwarzen Korps“ erschienen sind. Der Verfasser ist dem Hauptschriftleiter der Zeitung der Schutzstaffeln der NSDAP., SS.-Standartenführer Pg. Gunter d'Alquen, sowie dessen Stellvertreter, SS.-Obersturmführer Rudolf aus den Ruthen nicht nur für die wesentliche Anregung für diese Artikelfolgen, sondern auch dafür zu größtem Danke verpflichtet, daß sie sich der mühevollen Aufgabe unterzogen, die Manuskripte durchzuarbeiten und für ihren besonderen Zweck geeignet zu machen.

Dieser Zweck war in erster Linie die durchgreifende Schulung derjenigen Parteigenossen, die als Leser des „Schwarzen Korps“ sich über die wichtigsten Fragen der deutschen Geschichte zu unterrichten wünschten. Es war von Wichtigkeit, festzustellen, daß die Gegenwart in sehr vielen Einzelpunkten vom bisher üblichen Geschichtsbilde bewußt und sehr wesentlich abweicht und daß gerade deshalb eine geschlossene Darbietung größerer Überblicke von allergrößter Wichtigkeit ist.

Als daher dem Verfasser anschließend an seine beiden früheren Artikelfolgen von je 20 Aufsätzen, die „Germanisches Leben“ und „Das politische Weltbild“ zum

Gegenstand hatten, der Auftrag erteilt wurde, die wichtigsten historischen Zusammenhänge unserer großen Vergangenheit in kurzen Zusammenfassungen darzustellen, drängten sich von selbst ein Überblick über die deutsche Volkwerdung und über die Geschichte des Zweiten Reiches als die wichtigsten Stoffgruppen auf, weil auf diesen beiden Gebieten die tiefeingewurzelten Irrtümer der liberalistischen Geschichtsauffassung selbst heute noch störend nachwirken. Hinzu kam, der besonderen Aufgabe der SS. innerhalb des Volksganzen entsprechend, ein Überblick über die Geschichte der Kampfgemeinschaften.

Die vorliegende Buchausgabe folgt, obwohl das Manuskript an einigen Stellen von der Schriftleitung des „Schwarzen Korps" bearbeitet worden war, und auch einige durch [Klammern] gekennzeichnete Zusätze erhalten hatte, wörtlich dem Abdruck in der Zeitung mit Ausnahme lediglich der Abschnitte VI bis VIII der Serie „Das Zweite Reich", in welchen der Verfasser seinen eigenen Standpunkt in der vorliegenden Buchausgabe unverändert zum Ausdruck bringen möchte.

Möge dieses Büchlein allen denjenigen, die sich ohne besondere Vorkenntnisse über die wichtigsten historischen Grundlagen von Volk und Staat zu unterrichten wünschen, hierzu ein brauchbarer Wegweiser sein.

Klotzsche, am 1. März 1938.

Heinar Schilling

Inhalt

Das deutsche Volk

I.

Völkischer Raum und historische Sendung

Von allen Völkern der Erde hat das deutsche Volk die unsteteste Geschichte: stolze Zeiten wechseln mit unglückseligen Jahrhunderten. Vom Wellenberg der „maiestas mundi", der kaiserlichen Weltherrschaft, geht es in den Abgrund des „Römisch Arm", wie Schiller das Reich in seiner tiefsten Erniedrigung nennt. Das Weltbürgertum des Mittelalters und die staatliche und konfessionelle Zerrissenheit des 16., 17., 18. und 19. Jahrhunderts haben den einheitlichen Volksbegriff, den die Henkerbeile Heinrichs VIII., in England, Ludwig XI. in Frankreich und Iwan IV., des Schrecklichen, in Rußland schufen, die alle Vettern und Fürsten der einheitlichen Staatsgewalt aus dem Wege räumten, lange verdeckt. Stammeseigentümlichkeiten und dynastische Besonderheiten innerhalb des Ganzen haben sich deshalb nur im deutschen Volke erhalten, was ein Stück Reichtum mehr, aber auch eine große Gefahr ausmacht. Eine Gefahr, die verschwindet, wenn eine Idee von der Stärke des Nationalsozialismus auch die Gedanken unseres Volkes auf einen so einheitlichen Nenner bringt, wie ihn gemeinsames Schicksal und Rasse darstellen. Schicksals- und Blutgemeinschaft aller Deutschen – das aber ist das Thema unserer nachfolgenden Aufsatzreihe.

Wenn man heute einen Zeitgenossen fragt: „Was ist eigentlich das deutsche Volk?" So wird er mit mitleidigem Lächeln erwidern, das wisse doch jedes Kind. Das heißt mit anderen Worten, daß das Erwachen des Bewußtseins einer deutschen Volkheit schon so lange zurückliegt, daß nur ein historisch geschulter Kopf sich seiner erinnert. Allerdings wird es schon schwieriger, wenn man an einen klaren Umriß des Begriffes Deutsches Volk geht. Wir Reichsdeutschen neigen dazu, zunächst und in erster Linie hierunter die Staatsbürger desjenigen politischen Gebildes verstehen, das seit Bismarck Deutsches Reich heißt. Wir wollen damit nicht etwa sagen, daß die Deutschen außerhalb der Reichsgrenzen andere oder etwa gar schlechtere Deutsche sind als wir, sondern gebrauchen diese Begriffsbeschränkung gedankenlos im Hinblick auf die Tatsache, daß viele Deutsche außerhalb der Reichsgrenzen durch starke politische Bindungen teils an andere Staatsvölker, teils an landschaftliche Besonderheiten von jenem Normaltypus abweichen, der den Inbegriff der Mehrheit des deutschen Hauptvolkes ausmacht. Vergegenwärtigen wir uns zunächst einmal in großen Zügen die heutige politische Lage des deutschen Volkes. Denn erst dann können wir folgerichtig festlegen, was denn heute unter „Deutsches Volk" zu verstehen ist, was wieder die Voraussetzung jedweder Betrachtung darüber ist, wie denn diese heutige so gewaltige Einheit entstand.

Wir verstehen hier zunächst ohne Einschränkung unter „Deutsches Volk" die Gesamtheit aller heute der deutschen Sprache, unseres Blutes und der deutschen Kultur teilhaftigen Menschen. Diese Volkheit ist stärker als andere über die Erde verstreut.

Sie besitzt zunächst ein großes, abgesehen von drei Einsprengungen völlig geschlossenes Siedlungs- und Lebensgebiet zwischen den Alpen und der Nord- und Ostsee. Den größten Teil dieses Besitzes machen die beiden großen, reindeutschen Staaten aus: das Deutsche Reich und der Bundesstaat Österreich.

Abgesehen von diesem geschlossenen Siedlungsgebiet, das weit über fast alle Grenzen der reindeutschen Staaten hinausgreift, am „fühlbarsten" im Sudetenland und in Polen, wo die Deutschen nach Millionen zählen, gibt es nun noch erhebliche deutsche Volkstuminseln mitten im anderssprachigen und andersrassigen Gebiet. Nur die größte besitzt wenigstens auf dem Papier eine angebliche Autonomie: die Republik der Wolgadeutschen mit rund 650000 Einwohnern, die das Sonderrecht besitzt, sich von Sowjets eigener Sprache knechten zu lassen. Die Deutschen in Siebenbürgen, im Banat und in Ungarn, sowie vor allem in Amerika besitzen keine eigene politische Form. Der geschlossene deutsche Volksraum von mehr als 85 Millionen ist also der Bevölkerungszahl nach mehr als doppelt so groß als der englische, französische oder italienische und gleicht fast genau demjenigen des größten weißen Volkes, nämlich des angelsächsischen Teiles der nordamerikanischen Nation. Aber während fast alle anderen Völker der Welt ihren Volkstumsgebieten entsprechende Grenzen haben, nimmt ein

Viertel aller Deutschen an der politischen Gestaltung der deutschen Staaten nicht teil, weil es fremden Staatsgebilden eingegliedert ist.

Der Grund ist hierfür natürlich ein geschichtlicher. Die europäische Landkarte von heute spiegelt noch immer jene unglückliche Entwicklung wider, die als Folgeerscheinung verfehlter dynastischer Politik zur Zerschlagung des Ersten Reiches führte.

Dieses hatte in seiner über tausendjährigen Geschichte nicht nur damals ausnahmslos alle Deutschen erfaßt, sondern auch weite fremdvölkische Gebiete dem deutschen Kulturganzen eingeordnet.

Allerdings fußte das Erste Reich nicht auf einem völkischen Gedanken, sondern auf der Idee des übernationalen Kaisertums, das den deutschen König jahrhundertelang zum ersten Fürsten der Christenheit gemacht hatte. Man kann fast sagen, daß sich der Begriff „Deutsches Volk“ in erklärtem Gegensatz zur Kaiseridee herausgebildet hat. Das Mittelalter kannte kein Volksbewußtsein im heutigen Sinne – aus Gründen, die wir noch untersuchen werden.

Vielmehr entstand das Nationalbewußtsein im letzten Jahrhundert des Ersten Reiches geradezu als Gegenwirkung zu jenen Tendenzen, die das Kaisertum als Träger einer übernationalen Idee seiner völkischen Bindung an Deutschland zu entkleiden trachteten.

Die starke Bindung der Habsburger an Rom, verbunden mit dem Bestreben, den Interessen der vielen unter ihrer Herrschaft stehenden Fremdvölker gerecht zu werden, führte zu einer dauernd sich steigernden Minderung der Vorrechte des deutschen Herrenvolkes, das mit vollem Recht sich ein knappes Jahrtausend lang als die Mitte der Christenheit betrachtet hatte. Im gleichen Maße, in dem es seine Vormachtstellung in Europa einbüßte und gleichberechtigt in das Konzert der übrigen Mächte eintrat, erwachte auch das Gefühl für die eigene nationale Sonderheit und wenig später auch das Bewußtsein völkischer Belange.

Dieser langdauernde Vorgang, dessen Wurzeln bis zu Ulrich von Hutten, ja bis zu Walter von der Vogelweide zurückreichen, begann erst gegen Ende des 17. Jahrhunderts politisch wirksam zu werden. Der Ausgang des Dreißigjährigen Krieges und die völlige und einseitige Umstellung der habsburgischen Politik mit der Blickrichtung nach Südosten veranlaßte namentlich in Norddeutschland das Entstehen jenes Gefühls für das gemeindeutsche Wohl, das man vom Ende des 18. Jahrhunderts an nationales Bewußtsein zu nennen pflegte. Dabei darf nicht übersehen werden, daß diese so außerordentlich späte Formung völkischer Selbsterkenntnis gerade in der damaligen Zeit von etwas Nichtvorhandenem, also von einem Idealbilde ausging. Denn das deutsche Volk und das Deutsche Reich, so wie es die Vaterlandsliebenden zu Ende des 18. Jahrhunderts sahen, war ein Wunschbild, das zur Wirklichkeit zu machen gar nicht im Bereich des damals Möglichen lag.

Immerhin schufen jene Schwärmer einen Begriff, der namentlich durch die Befreiungskriege rasch zum Allgemeingut aller Deutschsprechenden und damit zu einem politischen Faktor wurde. Als nach dem Schrecken der Reaktionszeit die idealistische Jugend von 1848 daranging, dem deutschen Volke einen Staat zu schaffen, waren Sinngebung und Begriff bereits in aller Herzen lebendig. So hatte Bismarck es in einer Beziehung leicht, wenigstens der überwiegenden Mehrheit aller Deutschen eine politische Form zu schenken, die den Forderungen seiner Zeit völlig entsprach.

Freilich ist es der Zukunft vorbehalten, dem völkischen Selbstbewußtsein eine endgiltige Prägung zu geben, eben weil, wie wir bereits sahen, vorerst noch erhebliche Teile des deutschen Volkes durch anderweitige staatliche Bindungen verhindert sind, an jenem totalen Umbruch des Denkens und des Fühlens teilzunehmen, den seit 1933 das deutsche Reich erlebt. Es liegt auf der Hand, daß die weitgehenden Umformungen aller Anschauungen gerade auf dem Gebiet des Völkischen hier zunächst zu den bisherigen historisch und landschaftlich bedingten neue Unterschiede schaffen.

Aber genau wie das Blut und seine geschichtsbildende Kraft immer wieder aufgezwungene oder unechte politische Formungen vernichtet und das Volk zurückführt zu der ihm artgemäßen, weil rassisch bedingten politischen Gestalt, wird die große Einheit der Sippen und Stämme, die erst alle zusammen das deutsche Volk ausmachen, dereinst auch im völkischen Bewußtsein verschmelzen zu jener hohen Berufung, die wir Reichsdeutsche bereits erahnen und auch dort und da schon vorleben dürfen, wenn wir heute unser ganzes Leben, selbst in seinem privatesten Bereich, in den Dienst der Volksgemeinschaft stellen.

Denn Volksgemeinschaft, wirkliches Erleben der Gemeinsamkeit des Blutes, des Schicksals und des auf Ewigkeit gerichteten Zukunftswillens ist der wahre und letzte Sinn unseres Nationalbewußtseins. Wir wissen, daß ein Volk nur so lange lebt, wie es sich seiner historischen Sendung bewußt ist. Das aber heißt, gerade in der Besonderheit des Lebensstammes, also in dem, was ein Volk rassisch und erbgutmäßig von anderen Völkern unterscheidet, eine auf Ewigkeit gerichtete, schicksalhafte Berufung zu erblicken.

Schon allein aus diesem Grunde müssen wir, wenn wir nun, wie oben gesagt, nach dieser Begriffsbestimmung des deutschen Volkes die Entstehung dieser Einheit selbst betrachten wollen, zunächst einmal fragen, welche historischen und geopolitischen Zielsetzungen dem deutschen Volksraum als solchem von Natur aus innewohnen.

Deutschland ist die Mitte Europas. Das Deutsche Volk hat im Jahrtausend des Ersten Reiches jene gewaltige Mittlerrolle erfüllt, zu der es das Kaisertum berief: Haupt und Führer der christlichen Nationen nicht nur auf politischem, sondern auch auf kulturellem Gebiet zu sein. Wie das karolingische Kaisertum im größeren Zusammenhang gesehen, entstanden war als Zusammenfassung aller südgermanischen Stämme zu gemeinsamer Abwehr gegen den vordringenden Islam, als Bewahrer und Erretter des klassischen Kulturerbes, so setzte das ottonisch-salisch-welfische diese Tradition fort mit expansiver Blickrichtung nach Osten zwecks Rückgewinnung des verlorengegangenen germanischen Siedlungsbodens östlich der Elbe. Das staufische Imperium suchte und fand im Gegensatz hierzu seine Ziele im bereits von den Ottonen kraftvoll zum Reiche gezogenen Südland, wozu noch die durch die Kreuzzüge bedingte agressive Stellung gegen den Islam kam. Die schon von den Luxemburgern erstrebte, aber erst von den Habsburgern erreichte Wendung gegen Südosten, die in jahrhundertelanger Abwehr der Türken den Donauraum zum wichtigsten Kraftfeld deutscher Politik machte, wurde durch Vernachlässigung der übrigen bedrohten Grenzen die Ursache des Zerfalls des Reiches. Das Jahrhundert der Neuorganisation verwies erst in seinem letzten Jahrzehnt das deutsche Volk auf ein völlig neues Ziel: Die Welt- und Seegeltung, die es, kaum gewonnen, beim Zusammenbruch des Zweiten Reiches wieder einbüßte.

Sucht man aus diesen sehr verschiedenen Zielrichtungen der Politik des letzten Jahrtausends ein Fazit zu ziehen, so zeigt sich, daß der Inbegriff deutschen Schicksals darin zu erblicken ist, die Mitte Europas gegen Angriffe andersrassiger Völker zu verteidigen und damit das seit der karolingischen Renaissance, seit romanischer Kulturblüte und Gotik germanisch bestimmte kulturelle Erbe der Antike zu erhalten. Deutschland wird dereinst die Verteidigung der weißen Rasse gegen die artfremden Mächte des Ostens zufallen. Schon stehen wir im Vorpostenkampf dieser Auseinandersetzung. Denn unsere Abwehr des Bolschewismus ist durchaus nichts anderes als die Verteidigung Europas gegen den Asiatismus.

In diesem Zusammenhange gesehen, kulminiert das deutsche Schicksal in jenen großen, selbstaufopfernden Abwehrschlachten, die Europa davor bewahrten, eine fremdrassige Provinz zu werden. Wie auf den Katalaunischen Feldern der Weltbesieger Attila (451 n. Zw.) der gotisch-römischen Einheitsfront erlag, so verblutete bei Tours und Poitiers (732 n. Zw.) das halbe Aufgebot des Frankenreichs, um zu verhindern, daß Westeuropa unter die Herrschaft des Islams kam. Ebenso blieb der ostdeutsche Adel in heldischer Selbstaufopferung auf dem Schlachtfelde von Liegnitz und erreichte damit, daß der Enkel Dschingiskhans, des Eroberers ganz Asiens, die Lust verlor, Deutschland und das übrige Abendland zu unterwerfen. Und als der Halbmond zum zweitenmal die Mitte Europas bedrohte, erfocht das Donaudeutschtum in jahrhundertelangem Abwehrkrieg die Rückdrängung der Türken, die bereits zweimal (1529 und 1683 n. Zw.) die deutsche Kaiserstadt Wien belagert hatten.

Derartigen welthistorischen Vorgängen, deren wahre Triebkraft die übermäßige Volksvermehrung im innerasiatischen Raum ist, wohnt eine stets wiederkehrende Gesetzmäßigkeit inne. Es kann vielleicht nicht mehr sehr lange dauern, dann wird Deutschland wieder mit ungeheuren Opfern an Blut die Existenz der europäischen Kultur mit dem Schwerte zu verteidigen haben. Diese Erkenntnis gibt dem deutschen Schicksal jenen mythischen Sinn, der wesensbestimmend für unsere Haltung gegenüber den anderen Völkern ist. Eben weil wir diese unsere geschichtliche Sendung mythisch sehen und erleben, glauben wir an die Ewigkeit unserer Berufung und an die Ewigkeit des deutschen Volkes.

2*

II.

Die Entstehung des Deutschtums

Die dynastische Gliederung des Zweiten Reiches hat eine furchtbare Zersplitterung des geschichtlichen Denkens verursacht, die heute noch in der älteren Generation fühlbar ist. Ein Volk wie das Deutsche, das auf dauernden Gedankenaustausch mit seinen Nachbarn angewiesen ist, kann sich verschiedene „Auffassungen" in der Betrachtung der Vergangenheit nicht leisten; denn Geschichte ist Kulturpropaganda! Daß in preußischen Schulen die Geschichte mit Albrecht dem Bären und dem frommen Wendenfürsten Pribislaw und in bayrischen Erziehungsanstalten mit dem riesigen Otto von Wittelsbach begann, darf heute keine Fortsetzung darin finden, daß wir die Kaiser und Recken etwa nach ihrer Stellung zum päpstlichen Widersacher in Rom sortieren. Unsere Geschichte ist unser Stolz: Beiden ist keine Grenze gesetzt, nicht bei Karl dem Franken, nicht bei Christus oder Marius, sondern dort, wo aus den germanischen Wurzeln der deutsche Stamm wuchs.

Es gab eine Zeit, in der ein irregeleitetes Geschichtsbewußtsein und vor allem ein völlig verfehlter Geschichtsunterricht als den Anfangspunkt der deutschen Volkwerdung jene Erbteilung des fränkischen Großreiches ansah, die den ostfränkischen Teilstaat entstehen ließ. Zwar bestand von Ludwig „dem Deutschen" an (mit Ausnahme einer kurzen nochmaligen Vereinigung aller drei karolingischen Teilreiche unter Karl III.) dieses ostfränkische Reich mit fast genau denselben Grenzen, die später der deutsche Stämmestaat hatte, aber es hörte doch deswegen zunächst nicht auf, ein „Reich der Franken" zu sein. Noch bis ins 11. Jahrhundert bezeichnete sich sein Herrscher stets als rex francorum, aus Gründen, die wir noch kennenlernen werden.

Genau so verkehrt ist es, die deutsche Geschichte nun etwa mit Heinrich I. oder gar mit Konrad I. beginnen zu lassen, denn auch diese beiden Könige waren, genau wie ihre Nachfolger bis ins 11. und 12. Jahrhundert genau so „ostfränkische Könige" wie die Karolinge. Diese, die man besser nach ihrem wirklichen Stammvater Arnulfinge nennt, waren recht eigentlich die Schöpfer der deutschen Einheit. Und zwar war es durchaus nicht Karl I., der Begriff und Sinngebung des stämmeeinigenden Reichsgedankens schuf, sondern vielmehr sein bedeutender Vater Pippin der Kurze, unter dessen Herrschaft das fränkische Königtum über den fränkischen Volksraum hinauswuchs. Dadurch, daß es die anderen deutschen Stämme seiner Botmäßigkeit unterwarf, wurde es zur Keimzelle des späteren deutschen Staates. Dabei setzte die Dynastie der Arnulfinge nur jene Entwicklung geradlinig fort, die bereits die Frankenkönige aus dem götterentstammten Haus der Merowinge tatkräftig und zielbewußt begonnen hatten. Wir dürfen nie vergessen, daß es ein ostfränkisches Teilreich mit fast genau den Grenzen, die Deutschland unter den Nachfolgern Ludwigs des Deutschen bis zum ersten Sachsenkönig hatte, jahrhundertelang vor Pippin bereits gegeben hatte. Seit Chlodwigs Tode hatte sich die Westgrenze des selbständigen ostfränkischen (austrasischen) Königreichs ziemlich genau mit der des späteren karolingischen Ostreiches gedeckt. Der einzige Unterschied war, daß von den deutschen Stämmen die Sachsen und Bayern noch nicht zu diesem Ostreich bezogen waren, während die bereits von Chlodwig selbst unterworfenen Schwaben und die unter seinem Sohne einbezogenen Thüringer diesen ostfränkischen Teilstaat bereits über den Rahmen eines bloßen Volkskönigtums hinauswachsen ließen.

Trotzdem geht es nicht an, diese Frankenherrscher nun einfach als Vorläufer der deutschen Herrscher anzusehen, denn das merowingische Deutschland war, wie wir noch sehen werden, nicht die gleichberechtigte Gemeinschaft der vier, damals bereits geeinten Stämme des Fünfstämmevolkes, sondern vielmehr ein Siegerstaat mit einem Herrenvolk und drei unterworfenen Stämmen.

Erst die Einbeziehung des Sachsenvolkes durch Pippin und Karl I. machte das Frankenreich zu einem deutschen Gesamtstaat. Nichts wäre aber verfehlter, als deswegen nun etwa gar die deutsche Geschichte, wie dies seit dem Mittelalter üblich war, mit Karl dem Großen beginnen zu lassen, was natürlich nur vom Standpunkt einer katholischen Geschichtsschreibung aus gerechtfertigt ist, weil diese in der Vereinigung des fränkischen Königtums und der Kaiserwürde den eigentlichen Beginn der Reichsgeschichte sah, und zwar aus dem Grunde, weil die Vergebung der Kaiserkrone ja vom Papsttum beansprucht wurde.

Vielmehr müssen wir die Entstehung des deutschen Volkes in einem ganz anderen Zeitraum suchen, nämlich in dem Geschichtsabschnitt, in welchem die ersten Versuche zu einer gesamtdeutschen Einigung unternommen wurden, also in der Zeitspanne von der Schlacht im Teutoburger Walde bis etwa zum Jahre 200 n. Zw. Zwar erfolgten noch in den ersten Jahrzehnten des 3. Jahrhunderts Völkerverschiebungen, die die politische Struktur Deutschlands grundlegend veränderten. Aber die wesentlichste welthistorische Frage des genannten Zeitraums war damals bereits eindeutig entschieden, die Frage nämlich, ob auch die südgermanischen Stämme wie ihre ostdeutsch-nordgermanischen Brüder wandernd ihre Heimat aufgeben und ausblutend die Welt befruchten würden. Denn dadurch, daß der eiserne Ring der Legionen gerade in den Jahrhunderten der stärksten germanischen Völkerbewegungen die Stämme im Raum zwischen Nordsee, Rhein, Donau, Oder und Ostsee am Wandern nach Westen und Süden verhinderte, wurde er indirekt zur Ursache jener bedeutsamen politischen Umschichtung, die aus einem knappen Hundert kleiner und kleinster Teilvölker fünf große Stammeseinheiten entstehen ließ.

Wir haben in großen Zügen diese wichtige Entwicklung, auf die wir später noch im einzelnen eingehen werden, hier vorausnehmend gekennzeichnet, um zunächst einmal mit aller Eindringlichkeit festzulegen:

Die deutsche Geschichte, also die Geschichte des deutschen Volkstums und Volksraums, beginnt nicht mit Karolingen oder Ottonen, ja nicht einmal mit der fränkischen Staatsschöpfung. Mit dem Einigungsversuche

Armins beginnt vielmehr bereits die Geschichte der deutschen Einheit, und man muß mindestens noch ein knappes Jahrtausend weiter zurückgehen, wenn man die Entstehung des deutschen Volkstums an sich betrachten will.

Denn die Germanen, die damals den Raum des jetzigen deutschen Volkes bewohnten, waren nicht nur unsere Vorfahren, sie waren bereits die Wegweiser des deutschen Weltbildes und des deutschen Kulturstaates. Wir sind heute stolz auf jene noch im Dämmern der Vorgeschichte liegende Epoche, denn wir wissen, daß gerade sie es war, die die heldischen Grundanschauungen aus den Geboten des Blutes formte.

Mit allem Nachdruck muß betont werden, daß wir in diesem vor- und frühgeschichtlichen Zeitraum immer nur die germanischen Stämme und Teilvölker unserer Ahnenschaft im Auge haben, wenn wir deutsche Geschichte betreiben. Denn das, was wir unter Deutschtum verstehen, ist ausschließlich germanisch geformt und bestimmt. Wir wissen sehr gut, daß, rein blutmäßig betrachtet, der Anteil der nordischen Rasse und damit des reinen Germanentums am heutigen deutschen Volkskörper zahlenmäßig nicht allzu groß ist.

Dennoch aber war und ist das deutsche Schicksal stets bestimmt von dieser rassischen Minderheit, die, auf allen Gebieten führend, das politische und kulturelle Werden unseres Volkes bestimmt hat.

Die andersrassigen Bestandteile unseres Volksraums sind deshalb nicht schlechtere Deutsche, und nichts liegt uns ferner, als nun etwa das Deutschtum als völkischen Begriff nur an rassische Voraussetzung binden zu wollen. Dies wäre schon aus dem Grunde unmöglich, weil ja mehr als drei Viertel des heutigen deutschen Siedlungsbodens voreinst von den Germanen erst erobert worden sind. Alles Land westlich der Ems und südlich Solling und Harz war vorher keltischer Boden und der gesamte ostelbische Raum war, allerdings nur für wenige Jahrhunderte, slawisches Land. Am Rhein ist der westische, in den Alpen der dinarische Einschlag besonders spürbar, und die Beimischung alpinen und ostischen Blutes ist in allen Gauen Deutschlands, mit Ausnahme des germanischen Kernlandes an Niederweser, Niederelbe und in Schleswig-Holstein, recht beträchtlich. Aber alle diese nicht nordischen Volksbestandteile sind vollkommen eingedeutscht, also in ihrer Wesensart und in ihrem kulturellen und politischen Verhalten vom Germanentum her bestimmt.

Ja, es gibt sogar, den somatischen Typus durchbrechend, so etwas wie ein „deutsches Gesicht" – einen aus der gemeinsamen Schicksalhaftigkeit geformten äußeren Ausdruck seelischer Wesenheit. Es gibt keine Unterschiede im Erlebnis des Deutschtums, möge auch die Art und Weise des seelischen Verhaltens je nach der vorwiegenden Rassezugehörigkeit bei dem einen Deutschen anders sein als bei dem andern.

Daher ist der Begriff Deutschtum, so wie wir ihn sehen, obwohl und weil er gerade vom Germanischen her bestimmt ist, ein historischer Faktor, der nicht nur das gesamte reingermanische Volkstum einbegreift, sondern alles, was die deutsche Zunge spricht.

Wenn wir uns nun die Frage vorlegen, wie das Deutschtum entstand, und welchem Begriffswandel es im Laufe einer zweitausendjährigen Geschichte durchmachte, so ist zunächst und an erster Stelle der Name und das Wort selbst zu untersuchen. Die Bezeichnung „deutsch" ist nicht sehr alt. Er bezeichnete zunächst nur die Sprache, und zwar um sie, zum Gegensatz zum damals nahezu ausschließlich den Schriftgebrauch bestreitenden Latein, als „die volkstümliche, angestammte", zu kennzeichnen. Denn das althochdeutsche Wort diutisc, altsächsisch thiudisc, latinisiert theodiscus ist eine Ableitung von der Bezeichnung „Volk", das althochdeutsch diota, altsächsisch thioda hieß. Erst viel später, nämlich erst vom 13. Jahrhundert an, gewöhnte man sich das von einer „deutsch"-redenden Bevölkerung bewohnte Reich und diese selbst mit dem neuen Namen zu nennen, indem man die Bewohner (mittelhochdeutsch) „die Tiuschen" und ihr Gebiet das „Tiusche Lant" oder die „tiuschen Lant" nannte.

Dabei darf aber nicht vergessen werden, daß natürlich der Begriff Volk (also diota, thioda), schon lange vorher vorhanden war und mit ihm, wenn auch in anderer Form als heute, ein gewisses Gefühl nationaler Zusammengehörigkeit. Wir werden noch bei der Betrachtung der einzelnen Durchgangsstadien des Staatsbegriffes sehen, daß seit Armin zu allen Zeiten das Bewußtsein des gemeinsamen Ursprungs und der schicksalhaften Zusammengehörigkeit niemals ganz geschwunden ist. Wir sagen geschwunden, denn die Völkerfamilie, die sich später im Stämmestaat vereinigte, ging aus einer, allerdings schon sehr früh dreigeteilten Wurzel hervor. Lange, selbst in den Zeiten größter Zersplitterung, bewahrten die Südgermanen jene urtümlichen Kultgemeinschaften, die sie aus ihrer Urheimat in Schleswig-Holstein mitgebracht hatten, und diese Amphiktyonien erinnerten eben wegen ihres mythischen Gehalts selbst zu jener Zeit, da nahezu hundert deutsche Teilvölker bestanden, immer wieder an die altererbte, heilige Zusammengehörigkeit.

Freilich ist, soweit diese Vorgänge sich im frühgermanischen Zeitraum abspielen, zu bedenken, daß bis etwa um das Jahr 200 n. Zw. prinzipielle und tiefgreifende Unterschiede zwischen den einzelnen germanischen Volksgruppen überhaupt nicht bestanden. Die Sprachgruppen und Mundarten hatten sich um diese Zeit noch so wenig voneinander differenziert, daß etwa ein Gote vom Gestade des Schwarzen Meeres, ein Franke vom Niederrhein, ein Markomanne von der Donau, ja selbst ein Däne oder Schwede sich noch einigermaßen miteinander hätten verständigen können.

In den letzten Jahrhunderten v. Zw. war die Sprachgleichheit aller Germanen noch größer. Und in diesem urgermanischen Zeitabschnitt wird es zweifellos auch an einem Gefühl dafür nicht gefehlt haben, daß schließlich alle die verschiedenen Stämme Abkömmlinge eines einzigen Volkes waren. Insofern ist es schwer zu entscheiden, wann etwa das Südgermanentum zum Bewußtsein seiner spezifischen „Andersart“ gegenüber dem Nordgermanentum gelangt sein mag. Somit ist die Entstehung des Deutschtums in jenen mythischen Zeitabschnitt zurückzurücken, der dem Eintritt der südgermanischen Teilvölker in die geschriebene Geschichte unmittelbar voraufgeht. Keine Namen, keine Ereignisse und Daten geben uns Anhaltspunkte für das langsame Hineinwachsen des südgermanisch-deutschen Volkstums in den späteren deutschen Volksraum. Und wir sind auf die allerdings sehr reichen Ergebnisse der Spatenwissenschaft angewiesen, wenn wir den Versuch machen wollen, stammestümliche Besonderheiten bis in das letzte Jahrtausend v. Zw. zurückzuverfolgen. Bei dem raschen Anwachsen unseres Wissens auf dem Gebiete der noch jungen deutschen Vorgeschichtswissenschaft ist anzunehmen, daß schon in einigen Jahrzehnten eine genaue Abgrenzung der einzelnen Ausbreitungsphasen der Germanen möglich sein wird, so daß dieser vorerst nur in großen Zügen überblickbare Zeitraum in Bälde auch zu einem Teilgebiet unserer pragmatischen Geschichte werden wird.

Zusammenfassend ist also zu sagen: Die Entstehung des Deutschtums fällt zusammen mit der Entstehung derjenigen Teilvölker, die von Anbeginn her und aus mythischer Zusammengehörigkeit nach einer gemeinsamen politischen Form strebten, wenn sie diese auch erst nach einem langen Jahrtausend schwerer Kämpfe erreichten.

Gerade die besten Männer ihrer Zeit waren es, die immer wieder den allerdings verfrühten Versuch machten, die widerstrebenden Einzelinteressen einem kühn geschauten Gemeinschafts- oder Staatsgedanken unterzuordnen. Armin, Civilis, Chariomer mußten scheitern, bis endlich dem zielbewußten Gewaltmenschen Chlodwig der erste Schritt zur deutschen Einheit wirklich gelang, indem er zunächst die Franken und Schwaben in einem Staat zusammenschweißte.

Was die Merowinge vollendeten, haben dann die Karolinge weiter ausgebaut, bis endlich nach dem Abschluß der großgermanischen Zeit Raum und Sinn für jene Beschränkung auf die spezifische Eigenart da war, die den eigentlich deutschen Lebensraum aus dem fränkischen Großreich wieder herausschnitt und damit den reindeutschen Staat schuf.

Wir fühlen, aus der politischen und rassischen Zielgebung von heute heraus, uns gerade der frühgermanischen Zeit besonders verbunden. Mit Ehrfurcht gedenken wir jenes stolzen Völkerfrühlings, der damals unser heutiges Land dem Germanentum und damit dem Deutschtum gewann. Daher hängen wir mit besonderer Liebe gerade an den ältesten Denkmalen unserer Ahnen, die freilich in eine Zeit hinaufreichen, die noch vor der Entstehung des eigentlichen Germanenvolkes liegt. Aber wenn wir der nordischen Rasse die Sinngebung des deutschen, also auch unseres Schicksals zuordnen, so versteht sich von selbst, daß wir rein gefühlsmäßig das heilige Land des Ursprungs der weißen Völker mit besonderer Liebe im Herzen hegen. Daher, in bewußtem Gegensatz zur Einstellung der älteren, klassisch-humanistisch vorbestimmten Geschichtswissenschaft, unsere entschiedene Blickrichtung nach Norden, nach dem Lande also, von dem wie unsere eigenen Ahnen so auch die anderen arischen Völker ausgingen, um die Geschicke der Welt zu bestimmen.

III.

Vom Urvolk zum Fünfstämmestaat

Mit dem Schwert dem Pfluge den Weg bahnend, so schoben sich die germanischen Väter der deutschen Stämme wellenförmig in das Land zwischen Rhein, Donau und Weichsel, diese Ströme wiederholt und endgiltig vor Beginn der neuen Zeitrechnung überschreitend. Die Römer, Urheber der christlichen Schilderungen germanischer Wildheit, lernten immer wieder nur die wandernden und kämpfenden Vorhuten kennen: Kein Wunder, daß ihnen die Germanen als tapfere Streiter, aber geringe Könner in aufbauender Arbeit erschienen. Erst die neue Geschichtsforschung, die die Spuren unserer Urväter mit dem Spaten der Ausgrabung dort sucht, wo sie seßhafte Bauern mit hoher Kultur waren, hat mit alten Vorurteilen aufgeräumt und die Germanen als das erkannt, was sie waren: die Lichtbringer des Abendlandes!

Die Germanen haben im letzten Jahrtausend v. Zw., ausgehend von ihrer norddeutsch-skandinavischen Heimat, nach und nach ganz Deutschland erobert. Daß der Grund dieser Landnahme durchaus nicht Beutelust und wildes Abenteurertum war, haben wir in unseren die Eroberung Deutschlands durch Germanen darstellenden Aufsatz vom 20. August 1936 (Folge 34) unseren Lesern bereits vor Augen geführt. Vielmehr führte den nordischen Menschen allzeit einzig der Wille hinaus in die Welt, den nötigen Lebensraum für sich und seine Nachkommen zu gewinnen. Die Fruchtbarkeit der germanischen Ehe war, wie wir dort darlegten, die Hauptursache, daß das in der Heimat zurückbleibende Muttervolk in gewissen Zeitabständen immer wieder kriegerische Siedler aussandte.

Genau wie seit der jüngeren Steinzeit nach und nach sieben große Bevölkerungswellen die übrigen arischen Völker über Europa und Asien verbreitet hatten, begann mit der am Ende der Bronzezeit einsetzenden Klimaverschlechterung jene bedeutsame Ausbreitung der Germanen, die zur Entstehung des Deutschtums führte.

Das Sinken der jährlichen Durchschnittstemperatur, gepaart mit gewaltigen Sturmfluten und Landverlusten der Nordseeküste, veranlaßte die hiervon am härtesten betroffenen Teile des Urgermanenvolkes, nämlich deren südlichste Stämme, zur Aufgabe ihrer Heimat im auf die Hälfte seiner ursprünglichen Landfläche zusammengeschmolzenen Schleswig-Holstein und Süd-Jütland. Hierbei schoben sich diese Auswanderer wellenförmig voreinander her, bis schließlich die alten Stammesverbände zerrissen. Wir haben uns diesen Vorgang so vorzustellen, daß jeweils erlesene Kriegsmannschaften mit Weib und Kind zu neueren kleinen Stammesverbänden durch die Tatsache des gemeinsamen Auszugs zusammenwuchsen, über die damalige Grenze der germanischen Ausbreitung vorstießen und dabei möglichst das nächst anschließende Land besetzten. Hier wurden sie zu kleinen und kleinsten selbständigen Stämmen, so daß binnen kurzem statt einer einheitlichen, in straffer Staatsform zusammengefaßten Volkheit ein Vielfaches von Kleinstaaten entstand.

Allerdings erwähnten wir bereits eine außerordentlich wichtige Besonderheit aller Südgermanen, nämlich ihre kultische Zusammenfassung in drei Tempelgemeinschaften (Amphiktyonien). Diese Zusammenfassung muß notwendigerweise bereits in der gemeinsamen Heimat der drei Völkerschaftsgruppen vorhanden gewesen sein, denn bei der eben geschilderten Siedlungsart ist kein einigermaßen einleuchtender Grund für ihr späteres Entstehen denkbar. Überhaupt ist das Vorhandensein dieser Kultgenossenschaften der bündige Beweis dafür, daß die drei Völkerschaftsgruppen aus drei ursprünglichen Einheiten hervorgegangen sind, die man zweckmäßig die südgermanischen Urvölker nennt.

Wir werden also nicht fehlgehen in der Annahme, daß die drei südgermanischen Urvölker, ihren vermutlichen Sitzen in der gemeinsamen norddeutsch-jütländischen Heimat entsprechend, sich langsam nach Deutschland hineingeschoben haben. Und zwar waren die ursprünglich am nördlichsten wohnenden Ingävonen insofern der treibende Faktor, als sie die südlich anstoßenden Istävonen und diese wiederum die südwestlich anschließenden Herminonen sozusagen vor sich herschoben. Diese Völkerbewegung erfolgte in zwei Wellen, deren erste etwa die Zeit zwischen 2000 bis 1750 v. Zw. ausfüllt, während die zweite in den Zeitraum zwischen 1400 und 750 v. Zw. gehört. Dazwischen liegt eine vorübergehende Stockung des Vorwärtsdringens, über deren Gründe es verschiedene Vermutungen gibt.

Die zweite südgermanische Wanderung hatte um 800 v. Zw. in langsamem Vordringen gerade die Ems überschritten, in ihrem südlichsten Ausläufer die Saale erreicht und im Osten das Gebiet zwischen unterer Oder und Weichsel erworben, als plötzlich aus dem Norden her auf dem Seewege nordgermanische Völker erschienen. Und zwar waren es die Vandalen, die, aus Nordjütland kommend, den Südgermanen das Ostseeland westlich der Weichsel streitig machten und bald zur gebietenden Vormacht im deutschen Osten wurden. Nach wenigen Jahrhunderten gehörte ihnen bereits alles Land zwischen Warthe, Riesengebirge und San, während von der Küste her andere Nordgermanen, insbesondere die Goten, Rugen und Burgunder nachdrängten. Die Landverluste vor allem der herminonischen Stämme, führten wiederum zu deren verstärkten Druck nach Süden, so daß die letzten Jahrhunderte v. Zw. abermals von einer sich rasch verschnellernden gemeingermanischen Expansion erfüllt waren.

Um 100 v. Zw. war der Rhein bis südlich der Mainmündung überall überschritten, und somit das ganze nördliche und östliche Deutschland mit einer außerordentlich dichten, ja zusammengedrängten Bevölkerung bedeckt. Damit war der Augenblick gekommen, in welchem das ringförmig ausstrahlende siedlungsmäßige Vordringen der Germanen, das diese ganze geruhsame Epoche der Vorzeit füllte, durch ein sonderbares Zusammentreffen zweier Umstände zum plötzlichen Stehen gebracht wurde.

Der eine war die Zwangslage, daß jetzt die infolge Landmangels neue Siedlungsgebiete suchenden Stämme quer durch das dichtbesiedelte Deutschland durchbrechen mußten, um überhaupt leeres Land zu finden, – der andere die Schicksalsfügung, daß eben dieses einzig freie Land, Gallien, gerade im Augenblick dieser größten Landnot in die Hände der Römer geriet. Dieses Ereignis sollte, wie wir bereits erwähnten von ausschlaggebender Bedeutung für die Geschichte des Südgermanentums werden. Denn in der gemeinsamen Abwehr des bald nach Caesar einsetzenden, fast ein Jahrhundert währenden römischen Angriffs fanden sich zuerst die deutschen Stämme und Teilvölker, die bis dahin jeder straffen staatlichen Organisation entbehrt hatten, zu einer losen politischen Einheit zusammen.

Immerhin wäre es falsch, nun etwa die bis dahin bei allen Südgermanen ziemlich gleichartigen Gau- und Stammesverfassungen als primitiv anzusehen. Sie waren vielmehr nur eine direkte Folgeerscheinung des Wanderungsvorgangs. Die einzelnen schubweise aus der nordischen Heimat südwärts gezogenen Stämme, die jeweils als kriegerische Jungmannschaft aus den Stammesverbänden der Heimat ausgeschieden waren, und die man daher besser als Teilvölker bezeichnet, entbehrten eines gewachsenen Königtums. Der Grund hierfür war, daß wenigstens in den ersten Jahrhunderten der Wanderungsbewegung die siegreich auf deutschem Boden vordringenden Stämme sich offenbar nur als Vorposten des schon damals unter straffer monarchischer Leitung stehenden Nordens gefühlt hatten.

Wir können immer wieder die Erscheinung beobachten, daß die Sendlingsvölker erst dann, wenn sie sich von der heiligen Mitte ihres Ursprungs genügend weit in Raum und Zeit entfernt hatten, aus sich heraus ein der alten, kultisch bestimmten Mitte ebenbürtiges Herrschertum entwickelten.

Erst kurz vor Beginn unserer Zeitrechnung machten die allersüdlichsten der Südgermanen solche Versuche, während bezeichnenderweise im nordischsten Gebiet deutscher Zunge, bei den Sachsen, bis in Wittekinds Zeiten eine derartige staatliche Zusammenfassung nicht gelang, eben weil man sich dort dem dänischen Großreich und seiner götterentstammten Dynastie zu nahe fühlte, um eine eigene, mythisch fundierte Autorität schaffen zu können. Dies war auch der Grund, warum gerade die Sachsen so lange und so hartnäckig der deutschen Einheit fernblieben.

Es hätte ja bekanntlich nicht viel gefehlt, daß der große Gegenspieler des Einigers Deutschlands, Karls des Großen, den sächsischen Stamm seinem nordischen Reich einverleibt und damit der Geschichte eine ganz andere Wendung gegeben hätte.

Das Fehlen einer gewachsenen Autorität war es, was die während der Kämpfe gegen Rom so außerordentlich nötige Einigung Deutschlands unmöglich machte. Selbst die gewaltige Autorität Armins, der vorübergehend, allerdings nur als erwählter Kriegsherzog, über die Wehrmannschaft von nicht weniger als zwölf selbständigen Stämmen gebot, scheiterte an dem bloßen Versuch, diesen seinen militärischen Befehlsbereich im Kriege in ein festes Staatsgebilde mit monarchischer Spitze überzuführen. Einen ähnlichen, fast noch weiter gespannten Versuch dieser Art unternahmen zwei seiner Nachfolger als Cheruskerkönige mit dem gleichen negativen Erfolg. Erfolgreicher war hingegen der Bataverfürst Julius Civilis, der das Befreiungswerk Armins siegreich vollendete. Erst er war es, der die völlige Befreiung aller rechtsrheinischen Germanen von der Römerherrschaft endgiltig erkämpfte.

Und der von ihm geschaffene Kriegsbund von zwölf rechtsrheinischen Stämmen, der bezeichnenderweise sogar über die Amphiktyoniezugehörigkeit hinausgriff, war bereits der erste Schritt zur Einigung Deutschlands. Denn aus dieser zunächst losen Vereinigung entstand nach und nach eine neue völkische Einheit, die in ihrer Organisationsform noch deutlich das ursprünglich gleichberechtigte Nebeneinander der sie bildenden Teilvölker zeigte.

Die neue Einheit, die man am besten als „Stammesgruppe" bezeichnet, umfaßt bezeichnenderweise bereits im 3. Jahrhundert alle Istaevonen, und der stolze Name Franken, der sich von kurz nach 200 n. Zw. an einbürgerte, beweist, daß das gesteigerte politische Selbstgefühl der von Civilis geeinten rechtsrheinischen Stämme sich sehr wohl bewußt war, daß man einen Schritt vorwärts in der Neugestaltung Deutschlands den übrigen Südgermanen voraus war.

Diese nämlich brauchten noch geraume Zeit, ehe sie eine über das ursprüngliche Stammeskönigtum hinausgehende politische Form fanden. Solange die Cheruskerkönige aus Armins Geschlecht vom oberen Weserlande aus eine verhältnismäßig weit reichende Herrschaft ausübten, war die Möglichkeit einer größeren Zusammenfassung in Mitteldeutschland noch offen. Der Verfall der cheruskischen Macht, vor allem aber blutige Bruderkriege zwischen den Chatten, Hermunduren und den südlich anstoßenden suebischen Völkern zerrieben nach und nach die für eine Neugestaltung Mittel- und Ostdeutschlands von Armin und seinen Nachfolgern geschaffene Basis, und nur die gemeinsame Abwehr der römischen Angriffe erhielt noch so etwas wie ein völkisches Zusammengehörigkeitsgefühl aufrecht.

Da erfolgte ums Jahr 210 n. Zw. jener bedeutsame Umschwung in Süddeutschland, der zur Entstehung der zweiten größeren Stammeseinheit führen sollte. Der herminonische Hauptstamm, die Semnonen, übersiedelten plötzlich aus für uns nicht mehr erkennbaren Gründen aus ihrer bisherigen Heimat in der Mark Brandenburg ins heutige Schwaben. Da sich bei diesem Stamme von altersher das Heiligtum der herminonischen Kultgemeinschaft befunden hatte, brachten die Semnonen in ihre neue Heimat den Anspruch mit, auch weiterhin das Führervolk aller Sueben, jetzt also aller Schwaben, zu sein.

Binnen weniger Jahre erfolgte die Einschmelzung der vielen kleinen südsuebischen Völkerschaften in Südwestdeutschland, und bezeichnenderweise trat von 213 an der König der jetzt zum erstenmal Alemannen heißenden neuen Stammesgruppe als Haupt des ganzen Donaubundes, also auch der Markomannen und Quaden auf.

Damit hatten zwei Völkergruppen, nämlich die Franken und Schwaben, den Weg zu einer neuen politischen Form gefunden, und es war nur noch eine Frage der Zeit, bis ihnen die anderen folgten.

Die unmittelbare Folge der Abwanderung der Semnonen war nämlich das Zusammenwachsen der Hermunduren und Warnen zur neuen thüringischen

Stammeseinheit, und etwa gleichzeitig erfolgte die Überschichtung der Chauken durch die aus dem nordalbingischen Land vordringenden Saxen, wodurch der sächsische Stammesverband entstand.

Der fünfte Stamm, die Friesen, verharrten, soweit nicht ihre westlichsten Bevölkerungsteile mit in die fränkische Stammesgemeinschaft aufgenommen worden waren, auch damals schon in jener stolzen Absonderung, die durch die Lage ihres Landes bedingt war. (Den späteren sechsten deutschen Stamm, die Bayern, gab es noch nicht. Denn diejenigen markomannischen Volksteile, die später im Bojerland-Bojoheim-Böhmen – zu den Bajovariern – Männer aus dem Bojerland – werden sollten, gehörten damals durchaus noch dem großen schwäbisch-alemannischen Stammesbund an.)

Man darf bei Betrachtung dieser Verhältnisse der deutschen Volkwerdung nicht übersehen, daß der ganze Osten und Südosten des germanischen Siedlungsgebietes im 3. und vor allem im 4. Jahrhundert in mehr oder minder loser Abhängigkeit vom großgotischen Reiche stand, das, mit dem politischen Schwerpunkt am Schwarzen Meer, den gesamten Donauraum als Aufmarschbasis für seine Angriffe gegen Rom brauchte. Je mächtiger der Staat der Amaler wurde, um so selbstverständlicher lehnten sich gerade die kleineren ostdeutschen Teilvölker an ihn an, so daß das direkte Herrschaftsgebiet der Gotenkönige zeitweise über Elbe und Theiß noch westwärts hinausgriff. Insofern hatten die ostdeutschen Stämme, vor allem die Burgunder, Vandalen, Gepiden und später die Langobarden, kein Interesse und keine Möglichkeit, sich aktiv an der deutschen Volkwerdung zu beteiligen, und dies wurde der Hauptgrund, daß sie später abermals in Bewegung gerieten.

Wir sehen also von der Mitte des 3. Jahrhunderts an das eigentliche Deutschland zwischen Elbe und Rhein, Nordsee und Alpen in eine fünfgliedrige Einheit aufgespalten, die aber bereits durchaus den Namen „Deutsches Volk" verdient. Es war nur noch eine Frage der Zeit, welchem dieser Stämme die Führung zufallen sollte.

IV.

Die erste Zusammenfassung

Weder die Zeit der sogenannten großen Völkerwanderung noch die der eigentlichen germanischen Reichsgründungen im Süden hat in Deutschland wesentliche politische Veränderungen gezeitigt, abgesehen lediglich von der rasch vorschreitenden Entvölkerung des deutschen Ostens, die zum Eindringen slawischer Völker in das alte deutsche Land zwischen Weichsel und Elbe führte.

Verhältnismäßig ruhig, und ihre Volkskraft in nahezu vierzig Kriegen gegen die römische Grenzwacht stählend, erwuchsen die als Stammeskönigreiche zusammengefaßten neuen völkischen Einheiten zu einer fünfgliedrigen Gemeinschaft.

Dabei war selbst in der Mitte des 5. Jahrhunderts noch durchaus nicht ausgemacht, welchem der fünf deutschen Stämme bei der nunmehr gebieterisch notwendig gewordenen Zusammenfassung die Führerrolle zufallen sollte.

Zwar hatten stets die Schwaben die Hauptlast des Krieges gegen Rom getragen und dadurch nicht nur an Ansehen, sondern auch an bewährter Waffentüchtigkeit die anderen Stämme überstrahlt, so daß, wenn Gründe der Wahrscheinlichkeit in der Geschichte zwingend wären, eigentlich ihnen die schwer bestreitbare Vormachtstellung hätte zufallen müssen. Aber ihnen fehlte gerade in der wichtigsten Stunde der große Mann, der nötig gewesen wäre, um die besonders entwickelte Selbständigkeit der Teilkönige zu beseitigen.

Bei den Franken, bei denen die Verhältnisse an und für sich weit weniger günstig lagen, erstand hingegen im richtigen Augenblick der große Führer, und damit fiel ihnen wie von selbst die Führung Deutschlands und die Herrschaft über die Bruderstämme zu.

Der Mann, dem dieses große Werk gelang, war als kaum fünfzehnjähriger Knabe in einem winzigen salfränkischen Teilreich zur Herrschaft gelangt. Mit bewundernswürdiger Folgerichtigkeit war er auf seinem von Anfang an klar erkannten Wege vorwärtsgeschritten, und jede seiner Handlungen war aufs genaueste vorbedacht und berechnet. Zuerst hatten seine Kräfte nur ausgelangt, um einen winzigen Feind mit einiger Aussicht auf Erfolg anzugreifen, aber sein enormes staatsmännisches Geschick ließ jede seiner Unternehmungen zu einem Erfolg werden. So kam es, daß er – bei Beginn seiner Regierung der kleinste Teilkönig aller Franken – nach fünfzehn Jahren ununterbrochener Kriege ein Herrschaftsgebiet besaß, das doppelt so groß war als das aller anderen Merowinger zusammen.

Nun erst wagte Chlodwig den ersten Schritt zur großdeutschen Einigung, indem er 496 die Schwaben angriff. Diese hatten kurz vorher den uferfränkischen König Sigibert I., der zu Köln residierte, und zu dessen Herrschaftsgebiet auch das Reich der Moselfranken gehörte, angegriffen und in einer verlustreichen Schlacht bei Zülpich geschlagen.

Überhaupt war die schwäbische Macht damals stark im Wachsen, zumal ein bedeutender König, Hermann II., alles Land zwischen Lech und Vogesen, Alpen und Main in einer Hand vereinigt hatte. Wenn nicht der ganze Plan einer deutschen Einigung, den Chlodwig damals zweifellos schon gefaßt hatte, scheitern sollte, so mußte dieser nächst den Franken mächtigste Stamm, noch ehe er irgendwelche anderen Gebiete seinem Herrschaftsbereiche einverleibte, unter die Frankenmacht gebeugt werden.

Der große Wurf gelang. In einer unerhört blutigen Entscheidungsschlacht siegte Chlodwig, nachdem sein Gegner gefallen war. Da zwei Drittel des Landes und Volkes der Schwaben sogleich dem neuen Herrn huldigten, waren zum ersten Male zwei Stämme unter einem Herrscher vereinigt und damit der erste bedeutsame Schritt zum Stämmestaat gemacht.

Es gehört nicht hierher, die einzelnen Phasen des großen Werkes Chlodwigs ausführlich darzustellen. Bekanntlich war er es, der den fränkischen Herrschaftsbereich bis an die Loire vorschob. Daher war es von höchster Wichtigkeit, daß dieses nunmehr durch außerordentlich starke fremdstämmige Volksteile belastete Reich einen festen Rückhalt durch straffe Zusammenfassung der reinrassigen Gebietsteile erhielt, denn sonst lag die Gefahr nahe, daß die allmählich zahlenmäßig schwache germanische Herrenschicht von den Überherrschten aufgesogen wurde.

Daher beseitigte Chlodwig zunächst einmal mit folgerichtiger Härte alle übrigen fränkischen Teilkönige. Die – auf sein schlecht verdautes Christentum zurückzuführende – Art und Weise, wie er hierbei vorging, war eine

Kette von Scheußlichkeiten, die jeden anderen Herrscher um die Liebe und Achtung seines Volkes gebracht hätten.

Nur weil das ganze Frankenvolk in dem Mann, zu dem es mit fast abergläubischer Verehrung aufblickte, seinen Nationalhelden erkannt hatte, konnte dieser in den drei letzten Jahren seiner Herrschaft, alles Recht beiseitesetzend, der Reihe nach alle außer ihm und seinen Söhnen lebenden Merowinger vernichten. Erst dann hatte er sein Ziel erreicht: von der Garonne bis zum Neckar, vom Atlantischen Ozean bis zur Ems reichte ein einziges Königtum, fest und unbedingt in Händen des einzigen, der es schuf. Mit Nachdruck verwendete Chlodwig die kurze Zeit, die ihm nach Ausmordung seiner Vettern noch blieb, auf die Erweiterung seines eigentlich deutschen Besitzes rechts der Völkerscheide Schelde—Maas. Dort sollte künftig der Schwerpunkt des Reiches liegen, und daher wurden überall strittige Grenzgebiete gegen die Sachsen, Thüringer und östlichen Markomannen (die seit der Vernichtung des Schwabenreiches als neuer, selbständiger Stamm der Bayern in die Geschichte eintrat) besetzt und vor allem dicht besiedelt.

Mit dieser neugewonnenen Stellung des Frankenreiches war das tatsächliche und rechtliche Übergewicht des fränkischen Stammes über die anderen deutschen Stämme durchgesetzt. Dem entsprach auch die testamentarische Festlegung des Reichsgründers, daß derjenige Reichsteil, der das rechtsrheinische Kernland der Frankenmacht einbegriff, eine Art Oberherrschaft über die anderen haben sollte.

Denn das hatte selbst ein Gewaltherr wie Chlodwig nicht verhindern können, daß, nach dem unausweichlichen

Gange des deutschen Rechts das eben erst geschaffene Reich auf dem Wege der Erbteilung wieder auseinandergerissen wurde, als wäre es ein beliebiger Privatbesitz.

Allerdings blieb gemäß Chlodwigs Anordnung der Begriff eines Gesamtstaates für die ganze Dauer der Merowingerherrschaft erhalten, und aus der eben gekennzeichneten Sonderstellung Deutschlands ergab sich für das ostfränkische Teilreich jene merkwürdige Verbindung mit der obersten Staatsmacht, die später die Dynastie der ostfränkischen Hausmeier der Karolinger in den Besitz der höchsten Macht im Staate bringen sollte.

Außerdem darf die heutige Geschichtsschreibung nicht vergessen, daß Chlodwigs bedeutender Sohn Theoderich I. und seine Nachfolger eigentlich bereits die ersten deutschen Könige waren, und zwar, weil sie das gesamte Gebiet des jetzigen deutschen Volkstums, und im wesentlichen nur dieses, beherrscht haben. Der Name für diesen Reichsteil war bis in karolingische Zeit Austrasien, oder abgekürzt Austrien, also das „Ostreich", während das Westreich, Neustrien, in die Teilreiche Francien mit Soissons als Hauptstadt, Aquitanien mit Orléans und das eigentliche Neustrien mit Paris zerfiel. Bei späteren Teilungen spielten Aquitanien und das inzwischen dazugekommene Burgund die Rolle von Nebenländern des Westreiches, während von 600 an das Ostreich, also Deutschland, regelmäßig bis über die Maas hinübergriff und als wichtige Grenzfestungen die Städte Chalons, Reims und Soissons besaß, ohne daß indessen dieses Gebiet völlig eingedeutscht wurde.

Es würde zu weit führen, die pragmatische Geschichte der Dynastie der Merowinger hier auch nur in großen Zügen darzustellen, obwohl gerade in diesem früher sehr abschätzig beurteilten Zeitraum die wichtigsten innerstaatlichen Formungen Deutschlands entstanden, so z. B. das am 18. Oktober 624 erlassene Edictum Chlotacharii, das die erste öffentlich rechtliche Verfassung Deutschlands und damit die Grundlage des gesamten späteren deutschen Staatsrechts war.

Denn es grenzte, entsprechend der damaligen politischen Lage, von den bisherigen Verhältnissen völlig abweichend die Rechte des Königs, der Großen, der Kirche und der Freien gegeneinander ab und wurde so zum Staatsgrundgesetz des in innerer Ruhe und Ordnung sich rasch festigenden Deutschen Reiches, das von da an sich immer entschiedener von den anderen fränkischen Teilreichen in Sitte und Volkstum abzusondern begann.

Der Stamm der Thüringer war 530 vom deutschen König Theoderich I. im Bunde mit den damals noch völlig selbständigen Sachsen besiegt worden. Das gesamte große Thüringer Reich war bis auf einen schmalen Streifen, den die Sachsen für ihre Waffenhilfe erhielten, dem ostfränkischen Reiche einverleibt worden. Damit war der dritte deutsche Stamm zum Reiche gezogen.

Aber auch die Sachsen selbst waren damals geneigt, sich der Oberhoheit des ostfränkischen Königs zu unterstellen. Ungefähr zwei Jahrzehnte rechnete man ihr Land geradezu mit zum Reiche, und nur das klägliche Scheitern eines völlig verfehlten Feldzuges wegen einer Grenzstreitigkeit zwang 560 den deutschen König Lothar I. zu einem förmlichen Verzicht auf die von seinen begabteren Vorgängern mühsam erreichte Oberhoheit.

Dagegen verblieb dem Stamm der Bayern, der 550 nahezu freiwillig unter ostfränkische Herrschaft getreten war, eine weitgehende Selbständigkeit unter seinem angestammten bisherigen Königshaus, dessen Angehörige fortan als Herzöge, sozusagen in Stellvertretung des Frankenkönigs, ihr Land beherrschten.

Den Abschluß der Einigung Deutschlands bildete somit die Unterwerfung der Friesen und Sachsen. Die ersteren waren gegen Ende des 7. Jahrhunderts durch mehrere Feldzüge unter fränkische Botmäßigkeit gebracht worden, hatten sich aber noch mehrfach befreit, bis es schließlich 735 gelang, sie endgültig mit Gewalt zu unterwerfen. So blieb nur noch die Einbeziehung des Sachsenlandes übrig.

Es ist bekanntlich das nie zu vergessende historische Verdienst des zweiten Arnulfings auf dem Frankenthron, dieses weltgeschichtlich so außerordentlich bedeutsame Werk, wenn auch mit unmäßiger Härte und Grausamkeit, erfolgreich durchgeführt zu haben, so daß von kurz vor 800 an tatsächlich das völlig geeinte Deutsche Reich – zunächst noch immer als fränkisches Volkskönigtum – alle sechs deutschen Stämme umfaßte.

Inzwischen war, wie wir hier als bekannt voraussetzen dürfen, die eigentliche Königsdynastie der götterentstammten Merowinge durch die Inhaber der tatsächlichen Macht, die deutschen Hausmeier, zunächst auf ein Schattendasein beschränkt und dann ganz beseitigt worden. Hatte doch das Merowingegeschlecht, abgesehen von

Chlodwigs Söhnen, in acht Generationen nur einen einzigen bedeutenden Herrscher hervorgebracht, was im wesentlichen darauf zurückzuführen war, daß nur ganz wenige dieser Könige ein reifes Mannesalter erreichten. Als ganz kleine Kinder erlangten sie gewöhnlich die Krone, wurden als Knaben verheiratet und beendeten bereits als Jünglinge ihr jämmerliches Leben, ohne jemals außer dem Glanz ihrer Scheinwürde irgendeine Bedeutung zu erlangen. An ihrer Stelle regierten mächtige Hausmeier, und das ganze 7. Jahrhundert war von unausgesetzten Kämpfen ehrgeiziger Männer um diese Würde erfüllt. Ein Zustand der Beharrung trat erst ein, als es dem Geschlecht der Arnulfinge gelang, sich endgültig in den Besitz der Alleinherrschaft zu setzen. Allerdings waren noch schwere Kämpfe dreier Generationen nötig, bis Pippin III. sich 751 die gesamtfränkische Krone aufs Haupt setzen und damit der auf deutschem Boden erwachsenen tatsächlichen Autorität seines Hauses die schon lange erstrebte höchste Würde auch äußerlich verschaffen konnte.

Wir haben bereits betont, daß die Herrschaft der Arnulfinge (denn so sollte man die Karolinge besser nennen) von Pippin dem Kurzen bis zu Ludwig dem Kind für Deutschland nicht die geringste Änderung des von den Merowingen geschaffenen Zustandes bedeutete.

Die vorübergehende Zusammenfassung aller fränkischen Teilreiche in einer Hand, die übrigens auch schon unter den letzten Merowingen üblich gewesen war, konnte nicht darüber hinwegtäuschen, daß Deutschland bereits als weitgehend differenzierter Nationalitätenstaat seinen eigenen Weg gehen mußte.

Die Teilung von Verdun 843, die übrigens nur die sechste derartige Teilung seit Karl dem Großen war, bedeutete daher nur die Sanktionierung der bisherigen Entwicklung insofern, als hierbei zum ersten Male auf die Verselbständigung der Stämme Rücksicht genommen wurde.

Es war das Verdienst gerade der Enkel Karls des Großen, rechtzeitig erkannt zu haben, daß das ostfränkische Teilreich binnen kurzem einen anderen Weg gehen mußte, als die anderen, und zwar aus dem einfachen Grunde, weil in West- und Mittelfranken die eigentliche Herrenschicht, die nur dünn fremdrassiges Volkstum überdeckte, völlig einheitlich war, eben weil sie nur aus Franken bestand. In Deutschland hingegen war inzwischen, und zwar geradezu als Folge der ersten Zusammenfassung, das Volkstum der einzelnen Stämme namentlich sprachlich so weit unterschiedlich geworden, daß es eine politische Notwendigkeit von höchster Dringlichkeit war, rechtzeitig eine neue staatsrechtliche Form hierfür zu finden.

Diese neue Form war, wie wir im nächsten Aufsatz sehen werden, der Stämmestaat, also das gleichberechtigte Nebeneinander der wiederum unter angestammten Herrschergeschlechtern zusammengefaßten sechs Stammeseinheiten.

Hätte Ludwig II., der Deutsche, mit seinem sicheren Blick für die politischen Möglichkeiten nicht rechtzeitig erkannt, daß nur eine weitgehende Selbstverwaltung das Auseinanderstreben der Stammeseinheiten verhindern konnte, so wäre zweifellos das ostfränkische Teilreich dem gleichen Schicksal verfallen wie Mittelfranken, das alsbald in eine Reihe rivalisierender Kleinstaaten auseinanderbrach.

Gerade dadurch, daß der König die Klugheit besaß, die zunächst bei Sachsen und Schwaben spürbar werdenden Selbständigkeitsbestrebungen geradezu zu unterstützen, wurde er zum eigentlichen Schöpfer derjenigen deutschen Staatsidee, die bis ins Hochmittelalter den Bau des Reiches getragen und dessen festen Bestand verbürgt hat.

So war, wie wir abschließend feststellen, die vorübergehende zentralisierende Zusammenfassung aller deutschen Stämme im merowingischen Volkskönigreich und in seinem karolingischen Nachfolgestaat nur ein allerdings naturnotwendiger Durchgangszustand der deutschen Entwicklung. Denn es macht gerade das Wesen des Deutschtums aus, daß es, seiner Vielfältigkeit bewußt, aus der landschaftlichen Differenzierung der Stämme heraus die größere Einheit schafft, die alle Gaue umfaßt: das deutsche Vaterland.

V.

Der Stämmestaat

Die Geschichte hat das deutsche Volk vor einem Zentralismus bewahrt, der uns ein „Paris" und verkümmerte Provinzstädte hinterlassen hätte. So sehr aber die reiche Gliederung und Stammesvielfalt als gutes Erbe erscheinen, so gefährlich waren sie in den Zeiten der Schwäche des Reiches. Wenn die ewigen ultramontanen Reichsfeinde statt des Stammesstolzes den Wechselbalg Separatismus unterschieben, dann wird die Besonderheit unserer Geschichte zum Fluch und zur Last. Deshalb wird die erste Aufgabe der deutschen Staatsmänner immer sein, einem Versuch, das Mittelalter wiederaufleben zu lassen, unerbittlich entgegenzutreten, auch wenn die dunklen Hintermänner des Partikularismus mit ihren Interessen auch gleich die „Religion in Gefahr" sehen sollten.

Es hat manche Zeiten und Denkweisen gegeben, die in der stammestümlichen Unterteilung der Deutschheit einen Nachteil sahen. Das demokratische Zeitalter wußte nicht genug auf den sogenannten Partikularismus zu schimpfen, wobei allerdings nicht übersehen werden darf, daß man damals tatsächlich nicht mit stammestümlichen Eigenarten, sondern mit Sonderinteressen kleiner und kleinster dynastischer Staaten zu kämpfen hatte, denen der Begriff „Deutschland" nicht so leicht beizubringen war.

Heute sehen wir diese Dinge anders schon allein aus dem Grunde, weil eine sonderstaatliche Existenz irgendeines Stammes innerhalb des Deutschtums für uns gar nicht mehr denkbar ist, – eben, weil es heute nur ein einziges, einiges deutsches Volk als Träger der Staatsidee gibt.

Was wir heute unter stammestümlicher Besonderheit verstehen, liegt stets und immer auf kulturellem Gebiet. Hier gilt unsere vornehmste Sorge der Pflege alten Brauchtums und Sprachgutes, und hier sind jene großen Traditionen ehrfürchtig zu bewahren, die wohl noch im vorigen Jahrhundert mitunter ein politisches Gesicht zeigten, heute aber nurmehr den Wert achtungsvoll bewahrten Ahnenerbgutes haben.

Wenn wir von deutschen Stämmen reden, so verstehen wir darunter stets diejenigen Einheiten, die das erste Reich und seinen staatsrechtlichen Bau trugen. Es muß mit allem Nachdruck betont werden, daß diese Einheiten durchaus nicht dieselben waren, die ursprünglich, also vor der ersten Zusammenfassung, zum deutschen Volke zusammenwuchsen.

Lediglich das mächtigste und wichtigste der mittelalterlichen Stammesherzogtümer fiel volkstumsmäßig und politisch genau mit den Grenzen des vorkarolingischen Stammes zusammen, nämlich das der Sachsen. Aber schon hierbei fällt auf, daß wir ja heute den gleichen Bereich, der selbst in der Bismarckischen Staatsgründung noch mehrfach politisch unterteilt war, höchstens als geographischen und volkskundlichen Raum „Niedersachsen" bezeichnen, während man gemeinhin und landläufig unter Sachsen jenes Meißnische Kolonial-

4*

land und seine Einwohner versteht, die volkstumsmäßig vorwiegend Thüringen und Oberfranken entstammen.

Der Begriff „Franken“ hat sich noch weitgehender verschoben. Das alte Kernland der Uferfranken am Rhein führte in den ersten Jahrhunderten des alten Reichs den Namen Lothringen, während gleichzeitig das älteste merowingische Kolonialland am Mittelrhein und Main im gleichen Zeitraum „Westfranken“ hieß, nicht zu verwechseln mit dem Reiche Westfranken, dem späteren Frankreich. Unter Ostfranken verstand man damals jenes Gebiet, das die Merowinger den Bayern abgenommen hatten, und das daher heute noch Oberfranken heißt.

Noch verwickelter liegen die Dinge im mitteldeutschen Bereich. Die Hessen, die den alten Namen der Chatten aufnahmen, indem sie sozusagen aus dem fränkischen Stammesbereich wieder ausschieden, in den sie im 3. Jahrhundert nach Zeitwende eingetreten waren, sind geradezu das Musterbeispiel der Neubildung eines Stammes. Die Thüringer erneuerten in ähnlicher Weise ihre volkstumsmäßige Besonderheit, so daß es fortan in der Kontaktzone zwischen Nord- und Süddeutschland zwei scharf voneinander abgegrenzte neue Stämme gab.

Ähnlich markant wurde nach und nach im Laufe des Mittelalters der Unterschied, ja Gegensatz zwischen Bayern und Schwaben, obwohl doch diese beiden alten Stämme ursprünglich aus einer einzigen, nämlich der südsuebischen Einheit erwachsen waren.

Hinzu kamen im deutschen Ostraum jene Neubildungen, die zwar nicht bis zu eigener sonderstaatlicher Verselbständigung vorschritten, aber doch scharf abgegrenzte stammestümliche Besonderheiten entstehen ließen: Die Schlesier, die Pommern und die Preußen. Während in Schlesien, der Kolonisationswelle entsprechend, der fränkisch-thüringische Einschlag artbestimmend war, gehören die Pommern und Preußen eigentlich zum niedersächsischen Volkstum, indem sie nur eine durch die überschichtete Bevölkerung maßgeblich bestimmte Differenzierung des niedersächsischen Stammestypus darstellen. Ja man könnte sogar noch weiter gehen und die nord- und ostelbischen Besonderheiten für Stammestypen erklären.

Im deutschen Südraum ging die Differenzierung sogar noch weiter, indem alle jene ursprünglich vom bayrischen Volkstum abgespalteten Siedlungswellen, die zur Entstehung zunächst der bayerischen Ostmark (Österreich) und später der Alpenherzogtümer (Kärnten, Krain, Steiermark) und Tirols führten, sich jeweils so verselbständigten, daß sie zu stammestümlichen Sondergruppen erwuchsen.

Schließlich war es an der Südwest- und Westgrenze des deutschen Volksraumes nicht anders. Die politische Sonderentwicklung der Schweiz begünstigte in einzigartiger Weise die Herausbildung von Sonderlichkeiten, so daß schließlich jeder Kanton eigenartige und oft merkwürdige Züge trug. (Die schwäbische Bevölkerung des Elsaß und die ursprünglich moselfränkische Lothringens machten infolge des französischen Einflusses eine andere Entwicklungsfolge durch als die Stammvölker.)

Am ausgeprägtesten jedoch war die Sonderentwicklung im niederfränkischen Raum. Hier erwuchs, von Anfang an durch die Mischung des Westfriesentums mit dem Salfrankentum kennzeichnend vom Rheinfränkischen unterschieden, jene landschaftliche Absonderung, die heute in den Niederlanden einen besonderen Kulturbereich ausmacht. Die Holländer und Flamen entfernten sich dadurch, daß sie nicht zum schriftdeutschen Sprachbereich gehören, weitgehend in Kultur, Brauchtum und Sitte von ihren sonst völlig gleichstämmigen niederdeutschen Brüdern.

Die politische Sonderentwicklung, die seit dem Dreißigjährigen Krieg dieses Land, ebenso wie die Schweiz, von jeder staatspolitischen Verbindung mit dem Reiche löste, war hier insofern von besonderer Bedeutung, als der kleine Staat von Anfang an sich auf Seegeltung verwiesen sah. So konnte infolge weitgespannter Kolonialinteressen in einer Zeit hier ein auf Weltpolitik eingestellter Menschentypus entstehen, als das übrige Deutschtum durchaus nur kontinental zu denken und zu handeln vermochte.

Wir wollen hier durchaus nicht Stammesgeschichte als solche betreiben und können daher nur in ganz großen Zügen die staatsrechtliche und politische Entwicklung der deutschen Stämme im Stämmestaat betrachten. Denn nur knapp 400 Jahre hat die ursprüngliche politische Einheit der Stammesherzogtümer sich zu erhalten vermocht, wenngleich sie auch in den beiden folgenden Epochen der feudalen und dynastischen Herrschaft bestimmend für den deutschen Raum blieb.

Noch unter den letzten Arnulfingen waren die sechs deutschen Stämme zu nahezu souveränen Staatsgebilden geworden.

In Sachsen hatte eigentlich die aus dem alten Volkskönigtum erwachsene Herzogswürde sogar fortgedauert, denn dem letzten freien Herzog, Wittekind, waren unmittelbar die Brunonen als fränkische Statthalter gefolgt und bereits ein Jahrzehnt nach Wittekinds Tode war der sächsische Herzog wieder der mächtigste Fürst im Ostfrankenreich.

Die schwäbische und bayrische Herzogsgewalt erlangte noch im 9. Jahrhundert, wenn auch mit einigen Rückschlägen, nahezu völlige Souveränität, während die fränkische erst um die Jahrhundertwende stark genug war, um politisch wirksam zu werden, was gleichbedeutend mit der Auflösung des karolingischen Königtums war, weil dieses ja hier und nur hier Hausbesitz und daher territoriale Geltung hatte. Folgerichtig fiel dem konradinischen Frankenherzog nach dem Tode Ludwig des Kindes auch die ostfränkische Königswürde zu, weil man ja noch immer völlig in der Vorstellung lebte, das Reich sei nicht ein deutscher, sondern ein ostfränkischer Staat.

Bereits der letzte Karoling hatte, nachdem er kraft Erbrechts zur Herrschaft gelangt war, sich seine Königswürde durch die versammelten Großen seines Reiches in einer Art Wahlhandlung bestätigen lassen, und zwar, weil er die Reichsfürsten zur Durchsetzung seines Erbrechtes brauchte. Der Frankenherzog Konrad, sein Nachfolger, kam bereits durch eine richtige Wahl auf den Thron. Als er sterbend seinen bisherigen Nebenbuhler, den Sachsenherzog Heinrich, als Nachfolger bezeichnete, war damit das Prinzip des Wahlkönigtums insofern in der Praxis durchgesetzt, als von nun an für die gesamte Dauer des Ersten Reiches den höchsten Reichsfürsten, den späteren Kurfürsten, das Recht zukam, die oberste Staatsgewalt zu vergeben.

Solange die Stammesherzogtümer als solche bestanden, war dies ein gesunder und vernünftiger Zustand.

Wir sehen den sächsischen Brunonen jene machtvollen fränkischen Konradiner auf dem deutschen Thron folgen, die Deutschland zum mächtigsten Staat Europas und zum Haupt der abendländischen Christenheit machten. Ihr Erbe traten die schwäbischen Staufer an und mit der durch sie erreichten höchsten Machtentfaltung des Kaiserstaates endete nicht nur die Blütezeit des Reiches, sondern auch die stammestümliche Grundlage desselben.

Schon die salischen Kaiser hatten gelegentlich mehrere Stammesherzogtümer in ihrer Hand vereinigt, und dann, mehrfach untergeteilt, durch Statthalter verwalten lassen. Zu den ursprünglichen, den stammestümlichen Besonderheiten volkstumsmäßig entsprechenden Staatsgebilden war nach und nach eine ganze Reihe Neubildungen getreten, so daß kurz nach 1000 die Territorialhoheit der Stammesherzöge bereits stark eingeschränkt war.

Nun aber setzte plötzlich jene Entwicklung ein, die binnen kurzem zur völligen Auflösung der stammestümlichen Gebilde in ein Vielfaches von kleinen und kleinsten Staaten führte, der Feudalismus. In dem Bestreben, im Rittertum und in den kleinen Dynasten einen Rückhalt gegen die oft widerspenstigen großen Reichsfürsten zu finden, begannen die salischen Kaiser mit der Vergebung direkter Reichslehen, so daß bereits nach wenigen Jahrzehnten die deutsche Landkarte zu jenem buntscheckigen Gebilde wüster Kleinstaaterei wurde, das bis zum Ende des Ersten Reiches bestanden hat.

Hierbei wurden die Stammesinteressen, ja die Stämme selbst aufs willkürlichste auseinandergerissen. Das Musterbeispiel bildet die Zerschlagung des Herzogtums Sachsen als Bestrafung der Rebellion Heinrichs des Löwen. Hier trat an Stelle eines starken, seiner landschaftlichen Sonderinteressen, nämlich der Eindeutschung des Ostens, bewußten und starkvertretenden Staates ein Haufen rivalisierender Kleinstaaten, die sich gegenseitig wütend befehdeten und von denen im Laufe der nächsten Jahrhunderte keiner imstande war, den sächsischen Stamm zu einigen und zu führen. Ganz ähnlich erging es übrigens den Herzogtümern Schwaben und Franken, die nach dem Ende der staufischen Dynastie in so viele Kleinstaaten zerfielen, daß sich sogar die Herzogwürde nicht mehr aufrechterhalten ließ. Bayern wurde durch Erbrecht in viele Teilherzogtümer gespalten, und der Begriff Lothringen ging dadurch völlig zugrunde, daß dieses Herzogtum, schon mehrfach unterteilt, sich in mehrere Titularherzogtümer auflöste.

Wir haben diese Entwicklung hier kurz vorweg genommen, um verständlich zu machen, warum der eben erst geschaffene Begriff des Stämmestaates nur so kurze Zeit herrschen konnte, um alsbald vom Ständestaat abgelöst zu werden, also jener politischen Form, die dem Feudalismus entsprach.

Waren bisher in der deutschen Geschichte von Urzeiten an die natürlich erwachsenen Grundlagen des Volkes, also Sippe, Gau und Stamm, auch die Basis der politischen Organisation gewesen, so wurde jetzt dieses Prinzip in völlig wertestürzender Weise durch ein anderes ersetzt.

Denn im Feudalismus hing die politische Geltung jedes einzelnen Individiums wie jedes Gemeinwesens nicht vom aus der Landschaft erwachsenen politischen Raumgebilde ab, sondern vom Rang und Stand des in seinem Bezirk allein gebietenden Dynasten, der je nach seiner Würde als Lehensträger seines Landesherren, dem König oder gar niemandem verantwortlich war.

War bisher wie bei jeder germanischen staatsrechtlichen Schöpfung die natürlich erwachsene Führergewalt in irgendeiner Weise der Volksgemeinde verantwortlich gewesen, so entfiel von nun an diese Kontrolle, und der neu entstehende Begriff des Landesherrn, der in voller Souveränität über das Leben und Gut seiner „Untertanen" verfügte, vernichtete sehr rasch den alten Rechtsboden des Stämmestaats.

Solange nämlich das deutsche Volkstum seine politische Form gemäß arteigenen und angestammten Prinzipien entwickelt hatte, solange es sich also nicht von der unverrückbar heiligen Grundvorstellung der Vereinigung aller in der Volksgemeinde losgelöst hatte – solange waren seine politischen Gestaltungen gesund und trugen den stolzen Bau des Ersten Reiches. In dem Maße, wie die Grundrechte des einzelnen wie der Sippe durch die Entstehung landesherrlicher Gewalten beeinträchtigt und zuletzt ganz vernichtet wurden, verfiel auch der Staatsorganismus als solcher, bis er schließlich in derart erkünsteltem Formalismus erstarrte, daß der deutsche Staat zum Spottbild seiner einstigen Macht und Größe wurde.

Die Hauptschuld an dieser Entwicklung trug, wie wir eben sahen, die Vernichtung der ursprünglichen, natürlich gewachsenen Einheiten, und nur in den Gebieten, wo sich wenigstens die Sippen- und Gauverfassungen erhalten konnten, dauerte der Sinn für wahre Volksgemeinschaft noch bis in unsere Zeit hinein. Das Musterbeispiel bilden hierfür Friesland und Dithmarschen, wo die landschaftlich bedingte Sonderentwicklung noch über das späte Mittelalter hinaus die germanischen Grundlagen der Staatsorganisation bewahren konnte.

Gemäß dieser, die alten Stammeszusammenhänge zunächst völlig verwischenden Entwicklung verfiel im Ständestaat auch das Bewußtsein der stämmigen Zusammengehörigkeit. Zwar hat es vor allem zur Zeit der Zerschlagung der Stammesstaaten nicht an Stimmen gefehlt, die wenigstens die heiligste Grundlage des stammestümlichen Lebens, das altüberkommene Recht, zu retten suchten. Der Sachsen- und der Schwabenspiegel bemühten sich unmittelbar nach der Vernichtung der beiden Herzogtümer wenigstens die Rechtskontinuität zu erhalten, und infolge der genialen Konzeption dieser Rechtsurkunden gelang dies auch zunächst. Das langsam vordringende römische Recht vernichtete aber vom 16. Jahrhundert an auch dies letzte Überbleibsel stammestümlicher Prägung, so daß von nun an nicht nur die politische Existenz, sondern auch das Bewußtsein für die natürlich erwachsenen Einheiten verlorenging.

Mit dem Verfall des Ständestaates starb zunächst auch der letzte Rest der stammestümlichen Tradition, um, wie wir im nächsten Abschnitt sehen werden, alsbald in einer ganz neuen Form und unter ganz anderen Voraussetzungen wiedergeboren zu werden.

VI.

Die teutsche Nation

Das deutsche Volk hat in den entscheidenden Jahrhunderten der sogenannten „Neuzeit" das Unglück gehabt, keine Volksführer zu besitzen, die es in allen seinen Teilen geeinigt und an seinen Platz an der Sonne geführt hätten. Wie ein Vogel, den man geblendet hat, suchte das deutsche Volk seine Zuflucht im Lied. Wie der Führer in Breslau sagte: dem geschichtlichen Unglück der Zerrissenheit verdankt Deutschland seine schönsten Lieder, seine ergreifendsten Dramen der Klassiker. Heute erfüllen wir die jahrhundertealte Sehnsucht, und siehe: Heute haben wir die großen Politiker.

In den Zeiten tiefsten Verfalls der völkischen und stammestümlichen Formungen des deutschen Volksraums, in den Zeiten also, da Willkür und Anmaßung des feudalistisch-dynastischen Systems alle natürlich erwachsenen Bindungen der Volksgemeinschaft zersprengt hatten, erwuchs der Begriff der „teutschen" Nation.

Ulrich von Hutten und seine Mitkämpfer für die Rechte und die Freiheit des deutschen Menschen waren es, die in bewußter Anlehnung an germanische Denkformen diesen Begriff prägten und auch sogleich als gewichtiges Argument in die Waagschale des politischen Kampfes warfen. Man kann insofern von einer Art literarischer Wiedergeburt arteigener Vorstellungen sprechen.

Denn es war kein Zufall, daß gerade das 17. Jahrhundert, in welchem dann diese Vorstellungen zum erstenmal politisch auf breiterer Basis sich auswirken, von einer uns zwar komisch anmutenden, aber gutgemeinten Schwärmerei für germanische Zustände ergriffen war. Man feierte Armin als den Begründer Deutschlands, aber man feierte ihn nach dem Geschmack der Zeit in italienischen Opern oder langatmigen Lehrgedichten. Selbst der Name, den man dem neu entstehenden Nationalgefühl gab, war im Grunde ein philologisches Mißverständnis, denn jener Teut, den man als mythischen Urvater aller Südgermanen, nämlich als Sohn des Mannus und Vater der drei Stammesheroen Ing, Istjo und Irmin ansah, war zum mindesten damals eine höchst problematische Person.

Nun kommt es aber bei der Entstehung einer Idee weniger darauf an, welcher Denkformen sie sich bedient, als darauf, daß die der Propaganda dienenden Schlagworte einen alle Beteiligten wahrhaft im Innersten ergreifenden Sinn haben.

Dieser Sinn, von Ulrich von Hutten bis zu Klopstocks Bardengesängen, war die heilige Überzeugung, daß alle politischen Formungen der damaligen Gegenwart verfehlt seien, weil sie von landesherrlichen Sonderinteressen und nicht von den wahren Belangen der Volksgemeinschaft ausgingen.

Man glaubte – und damit war man völlig im Recht –, auf die idealen Zustände des Germanentums deshalb immer wieder hinweisen zu müssen, weil sie ja die natürlich erwachsenen, jede Willkür ausschließenden Formungen einer freien Zeit gewesen seien.

Je mehr man sich von der Anmaßung und Despotie des schrankenlosen Absolutismus bedrückt sah und je mehr einerseits die persönliche Freiheit, andererseits die natürlichen Rechte der Volksgemeinschaft von diesem Absolutismus in den Staub getreten wurden, um so mehr klammerten sich die geistigen Schöpfer des neuen Nationalgefühls an das Ursprüngliche und Wurzelechte, von dem allein man sich Rettung aus dieser tiefsten Erniedrigung des Reiches und des Volkes versprach.

Es war also eine großdeutsche Vorstellungswelt, die nach und nach auf diese Weise emporkeimte, um plötzlich, zur Zeit der Befreiungskriege, über die Gebildeten weit hinaus zu greifen und im Gedanken eines deutschen Einheitsstaates Gestalt zu gewinnen. Daher haftete dieser Vorstellungswelt von Anfang an eine Art idealistischer Überspannung an, — ein Mangel an Rücksichtnahme auf die politische Wirklichkeit, die in der Zwischenzeit eine ganz andere Entwicklung genommen hatte.

Denn mit dem Ersten Reich war auch der Gedanke des übernationalen Imperiums zugrunde gegangen, jener gewaltigen Schöpfung also, die für über ein Jahrtausend dem deutschen Schicksal seinen Sinn gegeben hatte. Der Kaisergedanke, der Deutschland zum Haupt der Christenheit gemacht hatte, war seit der Reformation in der alten weltumspannenden Größe nicht mehr denkbar und das

Emporkommen der Großmacht Preußen hatte folgerichtig das habsburgische Imperium gesprengt.

Die seit der Reformation und durch sie erwachsene Freiheit der Geister, gepaart mit der individualistischen Freiheitsschwärmerei der Aufklärungszeit, hatte eine so völlige Umschichtung aller Anschauungen vom Staat und von der menschlichen Gemeinschaft bewirkt, daß die Frage nach einem tatsächlichen Umbau der gesamten Verfassung nur mehr eine Frage der Zeit war.

Nun war aber das Preußentum, obwohl aus nordischem Geiste erwachsen, gerade durch den konsequenten Absolutismus seiner größten Herrscher groß geworden. Der preußische Geist, der nicht nur das Heer, sondern den gesamten Staatsapparat völlig ergriffen hatte, bedeutete weltanschaulich eine vollkommene Neuschöpfung, da ihm keine völkische Substanz zugrunde lag. War doch Brandenburg-Preußen genau so wie alle anderen Staatsbildungen des Spätmittelalters zunächst lediglich aus dynastischen Interessen erwachsen, — eine bunt zusammengewürfelte Vielheit verschiedensten Volkstums von stark differenzierter Stammestümlichkeit, — zusammengehalten lediglich durch eine Idee, die sich als Berufung fühlte.

Alle diese Niedersachsen, Märker, Pommern, Preußen und Schlesier fühlten seit dem Heraufdämmern des großen Erlebnisses „Deutschland" sich zunächst weit mehr als Preußen denn als Deutsche. Und zwar aus der konsequenten Vorstellung heraus, daß eines Tages die Vorstellungen Reich und Preußen sich decken und aus dieser neugewonnenen politischen Einheit das neugewonnene Nationalgefühl erwachsen würde.

Diesem verständlichen und inzwischen Wirklichkeit gewordenen Wunschbild setzten die anderen Volksteile des deutschen Volksraumes einen zunächst ebenso verständlichen Widerstand entgegen. Plötzlich besannen sich die Bayern auf ihre bayrische Sonderbelange und vergaßen hierbei ganz, daß der bayrische Staat des vorigen Jahrhunderts ja gar nichts mehr mit dem ursprünglichen bayrischen Volkstum zu tun hatte. Denn zu mehr als drei Vierteln war er, durch den Wiener Kongreß sehr vorteilhaft abgerundet, schwäbisch, mainfränkisch und rheinfränkisch, so daß die beiden Provinzen Ober- und Niederbayern, zumal sie nicht kulturell führend waren, nur eine stammestümliche Minderheit darstellten. Indem man nun die stammestümlichen Sonderbelange im Partikularismus plötzlich auf politisches Gebiet hinüberspielte, beging man einen zweiten, gefährlicheren Denkfehler. Denn von den natürlichen politischen Gliederungen und Formungen auf volkstumsmäßiger Grundlage war gerade im süddeutschen Raum am allerwenigsten übrig. Und so ergab sich die groteske Tatsache, daß zuletzt die bayrischen Sonderbelange, als verspätete Ausklänge dynastischer Provenienz in königlich bayrischen Briefmarken mit dem Überdruck „Volksstaat Bayern" sich auswirkten. Noch verfehlter waren die allerdings bereits in den Ansätzen scheiternden Versuche, die anderen deutschen Stämme zu reaktivieren. Das seit den Staufern zerschlagene Schwabenvolk erlangte ebensowenig ein politisch wirksames Gemeinschaftsgefühl wieder wie der obersächsisch-thüringische Stamm, dessen mehrfache Versuche einer sonderstaatlichen Zusammenfassung ebenso kläglich scheiterten wie die bis vor etwa einem

Jahrzehnt betriebenen antipreußischen Gestaltungsversuche der welfischen Partei im niedersächsischen Raum.

Alle diese späten Nachwirkungen des anfänglichen Widerstandes der nichtpreußischen Reichsteile gegen ihr allmähliches Aufgehen in der Reichs- und Volkseinheit hatte seinen Grund im bundesstaatlichen Charakter aller nach Auflösung des Ersten Reiches geschaffenen Staatsformungen. Sowohl der Deutsche Bund von 1815 wie der Norddeutsche von 1867, aus dem das Zweite Reich erwuchs, gingen nicht aus von den stammestümlichen Grundlagen und Besonderheiten des deutschen Menschen, sondern von jenen ausschließlich dynastisch erwachsenen Gebilden, deren zählebige Existenz im ganzen vorigen Jahrhundert alle Versuche der Bildung einer größeren Einheit erschwerten. Es fehlte damals nicht viel, und es hätte ein schaumburgisch-lippisches und ein schwarzburgisch-sondershausensches Nationalgefühl gegeben, wie es ein hamburgisches höchst sonderbarerweise tatsächlich gab. Wie weit die sonderstaatliche Entfremdung gehen konnte, beweist jene typisch sächsische Formulierung, die kurz nach 1866 mit lokalpatriotischem Pathos verkündete: „Gleich hinter Meißen, pfui Spinne, liegt Preußen."

Alle diese Fehlleistungen eines irre geleiteten Partikularismus führen sogar noch heute ein gespenstisches Scheinleben weiter, allerdings nicht innerhalb des heutigen Deutschen Reiches, sondern lediglich bei denjenigen Volksteilen, die auf Grund ihrer eigenen dynastischen Geschichte noch immer vom großen deutschen Volkskörper staatlich abgetrennt sind. Dies ist, wie immer wieder betont werden muß, besonders schmerzlich deswegen, weil ja heute gerade das Volksbewußtsein bei der weitaus überwiegenden Mehrheit aller Deutschen eine grundlegende Wandlung durchgemacht, die in mehr als einer Beziehung die Begriffe Nation und Volk neuformt. Dadurch, daß diese Volksteile auch heute noch auf dem Boden überalterter Vorstellungen stehen, die für uns Reichsdeutsche einen völlig überwundenen Standpunkt bedeuten, werden wiederum und aufs neue dort weltanschauliche Klüfte aufgerissen, die im Interesse des gesamten deutschen Volkstums längst verschwunden sein müßten.

Denn was wir Reichsdeutschen heute unter deutschem Volk verstehen, ist doch etwas völlig anderes als die „teutsche Nation" von vorgestern. Wir verkennen nicht die Größe und Bedeutung jenes idealistischen Weltbildes, das, aufgebaut auf den frühen Träumen Ulrich von Huttens und der Schwärmerei des ausgehenden 18. Jahrhunderts, in den Befreiungskriegen zu wahrhaft großartigem Durchbruch kam. Wir verkennen auch nicht die Bedeutung und den ewigen Gehalt dieses Vaterlandsbegriffes, so wie ihn unsere Klassiker formten und sahen und wie er der damaligen politischen Denkweise gemäß im demokratischen Wunschtraum von 1848 kurzdauernde Gestalt fand. Aber wir sind auch nicht blind für die tiefgreifenden Unterschiede, die das heutige Volksbewußtsein von den damaligen Formungen trennt.

Für uns ist Vaterland und Nation nicht jenes nebelhafte Gebilde hypothetischer, ja fast utopischer Zukunft, dessen praktische Gestaltung nach viel professoraler Rederei in einem schwülstigen Parlament gleich bei den

5*

ersten Schritten scheiterte, weil gerade diejenigen Gewalten, die einer wirklichen Reichseinheit im Wege standen, sich als weit zählebiger und stärker erwiesen als der politische Wille der frommen „Teutschen".

Insofern war das unglückliche Erbe, das das Bismarcksche Reich antrat, indem es sich gezwungen sah, wenigstens den 1848 geschaffenen Parlamentarismus zu übernehmen, weit mehr belastet als befördert von den Gedankengängen des schwarzrotgoldenen Großdeutschtums. Denn der Parlamentarismus bedeutete, wie sich in der nachfolgenden Praxis sehr bald ergab, eine abermalige Zerreißung des Volksganzen in einem weit gefährlicheren Sinne. Denn neben den weiterbestehenden Partikularismus, der selbst im Zweiten Reich noch, wenigstens auf kulturellem Gebiete, eine höchst zweifelhafte Rolle spielte, trat nun als zweite die deutsche Einheit und die Volksgemeinschaft gefährdende Macht jene verruchte Scheidung des Volksganzen in sich erbittert bekämpfende Interessengruppen, die der Parlamentarismus zeitigte. Der Klassenkampf, vom Marxismus gefordert und begonnen, brachte das Bürgertum zu Abwehrmaßnahmen, die wiederum neue Verschärfungen der sozialen Spannungen hervorriefen. Schließlich war es so weit, daß jede Wirtschafts- und Berufsgruppe sich einbildete, nicht nur eigene soziale Interessen, sondern eine kämpferische Vertretung dieser Interessen gegenüber dem Staat nötig zu haben.

Der Kampf aller gegen alle drohte von Jahrzehnt zu Jahrzehnt mehr, den Volkskörper in einander gegensätzliche Organisationen auseinanderzureißen, und die Regierung eines solchen Staates war sozusagen nur dazu da, die sich befehdenden Parteien und ständischen Gruppen einigermaßen in Ruhe und Ordnung zu halten.

Daß bei einer solchen Staatsgesinnung Reichsgedanke und Volksgemeinschaft zu kurz kamen, versteht sich von selbst. Hier mußte grundlegend Wandel geschaffen werden, wenn eine neue positive Staatsidee entstehen sollte. Der Gedanke der deutschen Nation mußte eine völlig neue Prägung erhalten, der auch die letzten Spuren des Partikularismus des vorigen Jahrhunderts fehlen mußten. Demgemäß war mit historischer Folgerichtigkeit die staatsrechtliche Neuschöpfung des Dritten Reiches von vornherein nicht aufgebaut auf dem bundesstaatlichen System des Zweiten, wenngleich man zunächst dessen Staaten als Länder, allerdings nur mit dem Recht und der Stellung von Verwaltungsbezirken bestehen ließ.

Die deutsche Einheit war damit auch staatsrechtlich hergestellt und das deutsche Volk besitzt seit 1933 zum erstenmal in seiner Geschichte eine homogene Staatsform, die keine sonderstaatlichen Belange der einzelnen Volksteile kennt.

Das heißt nun aber nicht, daß die deutschen Stämme, diese Grundpfeiler unseres Volkstums, aufgehört haben, zu bestehen. Nur ihre politische Funktion ist verschwunden, – um so wichtiger ist nun aber ihre kulturelle.

Hier, nämlich aus der landschaftlich und rassisch bedingten Differenzierung des deutschen Menschen, erwächst nach wie vor jene vielfarbige und reiche Verschiedenheit, der die deutsche Kultur ihre Breite und ihre Wesenstiefe dankt.

Nichts wäre verfehlter, als in diesem Bereich den deutschen Menschen uniformieren zu wollen. Der Schwabe oder Bayer ist nicht darum ein besserer oder ein schlechterer Deutscher, weil er anders ist als der Friese oder Niedersachse.

Ja, selbst die Verschiedenart der Beimischung des führenden nordischen Blutes in ihren verschiedenen Stammesbereichen entscheidet nicht den Grad der Wertigkeit des betreffenden Deutschtums. Es gibt sogar, wie wir bereits erwähnten, so etwas wie ein deutsches Gesicht, das alle somatisch und klimatisch bedingten Unterschiede durch die Gemeinsamkeit des deutschen Schicksalserlebnisses, die sich in ihm ausprägt, überbrückt.

In diesem Sinne ist das deutsche Volk, geeint in seinen Stämmen, erst in unseren Tagen zu jener vollkommenen Einheit erwachsen, die das Wunschbild und der Traum aller Nationalgesinnten seit Armins Tagen war. Es steht zu hoffen, daß im Laufe einer historischen Entwicklung, deren einzelne Phasen wir heute noch nicht erkennen können, auch jene Volksteile zu der unauflöslichen Einheit von Reich und Volk zurückfinden, die auf Grund der dynastisch bestimmten Geschichte ihrer Vergangenheit heute das große Erlebnis nicht miterleben dürfen, das unser aller Leben bestimmend ausfüllt; das deutsche Volk als ewige Einheit.

Das zweite Reich

I.

Die Trümmer des Alten

„Ja vor dem Kriege ...“ Man hört ihn zwar im Verlauf der Jahre immer seltener, diesen stereotypen Ausspruch, an dessen politischer Betonung wir uns gar nicht stoßen wollen. Er bringt uns aber immer wieder jene Tatsache in Erinnerung, daß unter uns heute eine Generation lebt, die all das, was vor dem Weltkrieg lag, noch wirklich erlebt hat. Was aber wissen die meisten, was weiß die Jugend von den politischen Kämpfen dieser Generation, von den Gegebenheiten, mit denen sie rechnen mußte? Uns scheint es deshalb wichtig, die Geschichte des vorigen Jahrhunderts hier einmal in kurzen Umrissen aufzuzeigen.

Der politische Wille der Gegenwart ist auf die Zukunft gerichtet. In diesem Sinne ist jede Geschichtsbetrachtung, soweit sie die Vergangenheit unseres Volksraumes betrifft, zweckhaft im Sinne der Selbsterkenntnis. Wir wollen nicht historische Phänomene gestalten und Ereignisse nachzeichnen, lediglich um sie abzubilden, sondern wir wollen uns klar darüber werden, welche politischen Kräfte in den einzelnen Epochen unserer Geschichte wirksam waren, und ob und wie weit die Kräfte den ewigen Wurzeln unseres Volkstums entsprossen.

Seit wir gelernt haben, daß die Geschichte von Männern gemacht wird, – seit die Massensuggestion der

Unterrassigen, die im Zeitalter des Liberalismus alle geschichtsbildenden Kräfte von wirtschaftlichen Voraussetzungen herleiten wollte, vorüber ist, steht im Mittelpunkt jedweden historischen Geschehens für uns der jeweilige schöpferische Gestalter und Täter. So auch hier bei dieser Betrachtung des zweiten Reiches, die wir unternehmen, weil uns eine Auseinandersetzung mit den aus der jüngstvergangenen Epoche unseres Volkes noch nachwirkenden Entscheidungen notwendig erscheint.

Denn das „neue Reich" ist durchaus nicht ein Nachfolgestaat des Zweiten, wenngleich auch sein politischer Raum der gleiche ist. Andere Kräfte, andere Voraussetzungen haben es geschaffen, so daß eine klare Gegenüberstellung der unterschiedlichen Zielsetzungen gerade heute höchst notwendig ist. Dies ist um so wichtiger, weil bei einer zukunftwollenden Geschichtsbetrachtung stets zu bedenken ist, welche Formungen und Erscheinungen das zeitgebundene Dasein des Schöpfers und der Schöpfung überleben, schon allein aus dem Grunde, weil sie in Ewigem wurzeln und daher unvergänglich sind wie das Volk, das sie geschaffen hat.

Gleichermaßen sind das Zweite und das neue Reich Schöpfungen eines Einzelnen. Daß Bismarcks gewaltiger Bau tragisch untergehen mußte — daß seine unvergängliche Leistung von unfähigen Nachfolgern verwässert und schließlich verdorben wurde, ist eine höchst bedeutsame Mahnung für die jetzt heranwachsende Jugend. Denn alles geschichtliche Geschehen folgt einer unausbleiblichen Notwendigkeit, die vorsehungshaft jede Schuld rächt, jeden Fehler bestraft.

In diesem Sinne sei die gegenwärtige Betrachtung von Glück und Ende einer übermenschlichen Leistung für uns eine Mahnung, dafür zu sorgen, daß unser Volk aus seiner Geschichte lerne. Denn eben weil das Heute stets auf den Schultern des Gestern steht, verpflichtet uns eine große Vergangenheit zu höheren und dauernden Erfolgen. Wir müssen beweisen, warum wir nicht in die Fehler des zweiten Reiches verfallen, und schon allein aus diesem Grunde müssen wir seine Geschichte richtig sehen.

Das Erste Reich der Deutschen war in den napoleonischen Wirren untergegangen, klanglos, aber nicht sanglos. Denn die brennenden Sehnsüchte einer nationalbegeisterten Jugend, die mahnenden und beredten Stimmen gerade der besten Männer des deutschen Volkes hatten dreißig Jahre lang den Traum des großen Reiches mit viel schönen Worten und noch schöneren Versen gefeiert, bis er schließlich nur noch ein ätherisches Spukgebilde wirklichkeitsferner Schwärmer war.

Die Politik war indessen in dieser sogenannten düsteren Zeit der Reaktion einen folgerichtigen Weg gegangen. Wohl bestand dem Namen nach noch das alte, tausendjährige Kaiserreich, die gewaltige Schöpfung des Franken Karl. Aber sie bestand auf dem Papier, als „Deutscher Bund", der eine Art Gesellschaft mit sehr beschränkter Haftung war – eine notgedrungene Verbrüderung eifersüchtiger und mißvergnügter Landesherren, die nichts weiter im Sinn hatten, als sich und ihren „Landeskindern" das Leben schwer zu machen.

Während engstirnige Konservative das Rad der Zeit rückwärts zu drehen suchten, um auf diese Weise die verlorengegangene politische Form zurückzugewinnen, klammerten sich alle „Fortschrittler“ an jene landfremden Ideologien, die die französische Revolution geschaffen hatte, und die seit der Julirevolution von 1830 als selbstverständliche Voraussetzungen jeder zeitgemäßen Staatsformung galten: Liberalismus und Demokratie.

Jetzt rächte sich, daß der Gedanke vom Reich der Deutschen in eine unwirkliche Scheinwelt der Literaten und Professoren gebannt worden war. Die Revolution von 1848 mußte zu einer großen Enttäuschung werden, weil der mit wesensfremden Zügen verbrämte Reichsgedanke den politischen Notwendigkeiten der Zeit in keiner Weise Rechnung trug.

Wohl schenkte ein Tag und Nacht redendes Parlament dem deutschen Volk die langersehnte Verfassung, die sogar den Vorzug hatte, wirklich deutsch und wirklich volkstümlich zu sein. Aber es war kein Arm da, sie zu vollstrecken oder auch nur in Kraft zu setzen. Das papierne Kaiserreich zerflatterte, als einige Salven landesherrlicher Truppen die nationalbegeisterten Schwärmer von den Barrikaden fegten. Der wieder in Kraft gesetzte Deutsche Bund amtierte weiter, als wäre nichts geschehen. Jetzt erst, im Jahre 1851, war das alte Reich der Deutschen wirklich tot.

Nun aber zeigte sich erst so recht, was in den Jahren seit dem Zusammenbruch Napoleons eigentlich geschehen war. Preußen hatte seine wiederholten Versuche, sich an die Spitze des protestantischen Norddeutschlands zu setzen, mit völliger Ohnmacht büßen müssen. Das beharrliche Österreich, noch immer der zweitmächtigste Staat Europas, hatte 1850 im Bunde mit Rußland die von Preußen beabsichtigten Unionsbestrebungen zu vereiteln gewußt und dieses zu dem beschämenden Vertrag von Olmütz gezwungen, der die Fortdauer der österreichischen Vormachtstellung in Deutschland sicherte. Das Bündnis mit Rußland erwies sich sogleich als verhängnisvoll, da dieses, auf seine Rolle als Befreier Mitteleuropas von der napoleonischen Herrschaft pochend, durch einen bloßen Einspruch die Neubildung eines Deutschen Reiches unter Österreichs Führung zu vereiteln wußte.

Diese Ereignisse waren es, die die Lage für einen völligen Umschwung reif machte. Ein sehr kleiner Kreis von Männern in Preußen hatte schon während der Revolutionswirren eingesehen, daß die Lösung der deutschen Fragen eine vorwiegend militärische Angelegenheit sei, wobei man allerdings von Anfang an weniger an eine kriegerische Auseinandersetzung mit Österreich, wie vielmehr an eine allmähliche Verlagerung des Machtschwerpunktes dachte, von der man sich dann die erhoffte Einigung Deutschlands unter preußischer Führung erhoffte.

Der Mann, dem dieser große Wurf später wirklich gelingen sollte, war vorerst noch nicht unter den Handelnden. Vielmehr gingen die ersten Ansätze zur Reorganisierung Preußens von ganz anderer Seite aus, von einem ultrakonservativen Kreis, der zwar das große Werk der Neuschaffung Deutschlands begann, sich aber alsbald selbst ausschaltete, da ihm für die notwendige völlige Umstellung der Geister die notwendige Beweglichkeit fehlte.

Die eigentlich treibende Kraft war – und das sollte gerade in unseren Tagen unvergessen sein! – der preußische Monarch selbst, der spätere Kaiser, damalige Prinz Wilhelm. Ihm hatte in den Revolutionswirren das allzu entschiedene Eintreten für Ordnung und Recht den abschätzigen Beinamen „Kartätschenprinz" verschafft, und solange sein Bruder, der schwärmerische und weichliche Friedrich Wilhelm IV., die Regierung führte, war der infolge der Kinderlosigkeit des Königs zum Thronerben Berufene auf die Rolle eines unzufriedenen Zuschauers beschränkt.

Seine Hofhaltung in Koblenz, wo er als Gouverneur der Rheinlande residierte, war in den entscheidenden Jahren nach der Revolution geradezu das Hauptquartier jener Fronde gegen den königlichen Bruder, die mit Energie eine völlige Umgestaltung Preußens forderte.

Wilhelm von Preußen gebührt das Verdienst, zuerst eingesehen zu haben, worauf es bei der Neugestaltung Deutschlands ankam, nämlich auf eine straffe militärische Zusammenfassung, die langsam aber sicher die nichtpreußischen Kontingente und damit die betreffenden Staaten unter preußische Führung brachte. Er war sich sehr wohl bewußt, daß dies unter keinen Umständen mit Gewalt geschehen durfte.

Mit bewunderungswürdiger Elastizität stellte sich der in den entscheidenden Jahren immerhin schon über Fünfzigjährige auf den Boden der von der Revolution geschaffenen Tatsachen. Aus dem ultrareaktionären altpreußischen Militär wurde, sehr wesentlich durch den

Einfluß seiner Gattin, ein Mann von kühl wägender Einsicht, der sich binnen kurzem die seltene Eigenschaft erwarb, stets den richtigen Mann an den richtigen Ort zu stellen. Das Geheimnis der Erfolge des Regimes Wilhelm I. liegt in dieser staatspolitisch so außerordentlich bedeutsamen Eigenschaft des Monarchen begründet: Wilhelm I. war der bestberatenste Mann seiner Zeit. Dabei war der Prinz persönlich von äußerster Anspruchslosigkeit. Bescheiden und von tiefer Gläubigkeit, beherrschte ihn ein reger Familiensinn. Sein Respekt vor Tradition und Sitte paarte sich mit einem ungewöhnlich starken Herrscherbewußtsein. Dies mußte um so stärker wirken, weil sein Bruder, der beleibte, kurzsichtige und unmilitärische Mystiker auf dem preußischen Königsthron, ebenso konfus und ausschweifend in seinen Gedanken war, wie Wilhelm straff soldatisch, klar und nüchtern.

Er selbst hat sich einmal als „eine lederne Natur" bezeichnet, aber er vertrat auch, wo es um wichtige Dinge ging, mit Zähigkeit, Eigensinn, ja sogar Brutalität seine einmal gewonnene Überzeugung. Sein leidenschaftsloses Urteil, seine Würde, sein überwältigendes Taktgefühl und nicht zuletzt seine anmutige Leutseligkeit machten es geradezu selbst seinen Gegnern unmöglich, etwas an ihm auszusetzen.

Der Umbau Preußens begann mit einer Art Staatsstreich. Schon seit 1856 hatte Friedrich Wilhelm IV. mehrfach Anfälle offenbarer Geistesschwäche gezeigt. Gegen Ende des folgenden Jahres verfiel er einer akuten Gehirnkrankheit, und nun begann ein heftiges Intrigenspiel der Hofkamarilla, um die bereits angeordnete Stellvertretung des Königs durch den Thronfolger zu hintertreiben. Wilhelm verstand es, sich durch nicht eben gelinde Mittel durchzusetzen, wobei ihm sehr zustatten kam, daß sein Sohn Friedrich Wilhelm sich kurz vorher mit der Prinzeß Royal Viktoria von England vermählt hatte. Am 7. Oktober 1858 wurde Wilhelm als Regent von Preußen eingesetzt, und damit begann die damals schon so benannte „neue Ära".

Bereits in einer der ersten Proklamationen bewies der Prinzregent, daß er vor bisher völlig verpönten Wegen nicht zurückschreckte. Er setzte sämtliche Minister ab und berief Männer von liberaler und zumindest gemäßigt konservativer Richtung, wie den ehemaligen 48er Ministerpräsidenten Rudolf von Auerswald. Mit einem bald geflügelten Wort erklärte der Regent vor dem neuen Ministerium:

„Preußen muß in Deutschland moralische Eroberungen machen durch eine weise Gesetzgebung bei sich, durch Hebung aller sittlichen Elemente und durch Ergreifung von Einigungselementen. Die Welt muß wissen, daß Preußen überall das Recht zu schützen bereit ist."

Solche Worte im damaligen Staatenkonzert waren von nahezu aggressiver Bedeutung, zumal Wilhelm sich nicht scheute, auf die kommenden Konflikte bereits mit aller Deutlichkeit hinzuweisen. Er sprach von den notwendigen Reformen im Heere, das einst Preußens Größe geschaffen habe und warnte vor dem Liberalismus, indem er das Königtum von Gottes Gnaden mit besonderer Eindringlichkeit als die staatserhaltende Kraft betonte.

Zunächst erntete dieser Umschwung allgemeine Begeisterung weit über Preußens Grenzen hinaus. Freilich hörten die Patrioten aus der Programmrede nur das heraus, was sie hören wollten.

Das zeigten die alsbald ausgeschriebenen Neuwahlen, die eine vernichtende Niederlage der Konservativen Partei brachten, die von 236 Sitzen auf 59 zusammenschmolz. Damit war der eigentliche Konflikt – die Frage, ob der Prinz stark genug sei, autoritär zu regieren, vor die Tür gerückt.

Wilhelm war weise genug, abzuwarten. Da er den größten Teil seines Lebens sich ausschließlich nur mit militärischen Dingen beschäftigt hatte, kannte er die preußische Heeresorganisation wie kaum ein anderer, und wußte daher auch, welche unerhörten Schwierigkeiten der völlige Umbau, insbesondere des veralteten Rekrutierungssystems, bringen mußte, weil immer ein Linienregiment und ein aus Familienvätern bestehendes Landwehrregiment eine mobile Brigade bildeten. Mit einer solchen Truppe waren keine Kriege zu führen, schon allein, weil die Mobilisation geraume Zeit in Anspruch nahm, wie es sich 1859 gelegentlich des beachsichtigten Eingreifens in den italienischen Befreiungskrieg zeigte. Die Neuorganisation verwandelte also die Hälfte aller Truppen aus Landwehr in Linienformationen, eine Maßnahme, die Geld, und zwar sehr viel Geld, forderte.

Mit der Heeresreform wurde am 5. Dezember 1859 der Generalleutnant von Roon betraut, ein Mann, der mit äußerster Rücksichtslosigkeit und disziplinierter Leidenschaft seine Aufgabe, die zugleich seine Schöpfung war, verfocht. Allen Kompromissen abhold, brachte Roon, durch eine gewisse Überheblichkeit des Tones die Anfang 1860 dem Abgeordnetenhause eingebrachte Militärvorlage zum Scheitern, wodurch der Konflikt zwischen dem Regenten und dem Parlament in jenes unerträgliche Stadium eintrat, das zum Bruch führen mußte.

Der Prinz brachte es fertig, das ganze Jahr 1860 die Verhandlungen hinzuziehen, während er gleichzeitig in seiner Eigenschaft als oberster Kriegsherr die Neuorganisation der Armee eigenmächtig durchführte. Er stützte sich hierbei auf die weitverbreitete Meinung, daß die staatsrechtliche Stellung eben des obersten Kriegsherrn dies aus militärischen Gründen rechtfertige.

Die neuen Regimenter wurden aufgestellt, neue Mannschaften und Offiziere einberufen, und schließlich zur Überraschung des Parlaments die gesamten, sehr erheblichen Ausgaben in den ordentlichen Staatshaushalt eingestellt, als wäre dies die natürlichste Sache der Welt. Von ausschlaggebender Bedeutung für die weitere Entwicklung des Konflikts war es nun, daß der Regent durch den am 2. Januar 1861 erfolgten Tod seines Bruders König wurde — ein Ereignis, das auf ihn selbst einen unerwartet starken Eindruck machte. Die in altertümlichen Formen am 18. Oktober in Königsberg erfolgte Krönung bestärkte in ihm den schon ohnehin maßgebenden Gedanken, daß er als Monarch von Gottes Gnaden allein für die Zukunft des Volkes und den Bestand des Staates verantwortlich sei, was einer entschiedenen Abwendung von konstitutionellen Grundsätzen gleichkam. Roons Einfluß, der von jeher gegen die liberalen Minister agitiert hatte, wurde von Monat zu Monat größer und Wilhelms eigene Haltung gelegentlich einer Zusammenkunft mit Napoleon III. und einer Dreikaiserbegegnung in Warschau, die die „heilige Allianz" Rußland, Österreich und Preußen erneuern sollte, drängte geradezu auf eine Beschleunigung des Konflikts.

Bereits der Anfang des Jahres 1862 brachte denn auch den offenen Kampf zwischen König und Parlament. Der neugewählte Landtag war kaum zusammengetreten, als sich bereits Anzeichen zeigten, daß er anspruchsvoller und unnachgiebiger wie alle vorherigen preußischen Parlamente aktive Mitwirkung bei jedweden Regierungsmaßnahmen verlangen würde. Daher genügte ein geringfügiger Anlaß – ein Antrag auf Spezialisierung des Etats – dem König, um am 11. März 1862 das Abgeordnetenhaus aufzulösen.

Die liberalen Minister wurden entlassen und ein „zuverlässiges Ministerium" unter dem Präsidenten des Herrenhauses eingesetzt. Die im Mai stattfindenden Neuwahlen wurden rücksichtslos von Staats wegen beeinflußt, aber selbst diese zweischneidige Maßregel brachte nicht den gewünschten Erfolg. Denn den Sieg errang die neue Fortschrittspartei, während die Konservativen fast aufgerieben wurden.

Nunmehr versuchte es der König mit klug dosierten Hinhaltungsmaßregeln. Mit Steuernachlässen und Sparvorschlägen, sowie durch Abschluß von Handelsverträgen nach den Wünschen der liberalen Parteien wurde das Parlament hingehalten, so daß längere Zeit ein Kompromiß möglich schien.

C*

Schon hatten sich die Minister, ja sogar Roon, zu Zugeständnissen bereiterklärt, da griff plötzlich und völlig unerwartet der König handelnd ein. Er erklärte, die Parlamentarier hätten das Ziel, die Armee zu ruinieren, damit sie ein Werkzeug des Parlaments und nicht des Königs sei. Er forderte so nachdrücklich die ungeschmälerte Durchführung der Heeresreform, daß er am 17. September sogar mit Abdankung drohte, falls die Minister ihn im Stiche ließen.

In diesem kritischen Augenblick sandte Roon seinem Freunde Otto von Bismarck, der seit dem Frühling des Jahres als Botschafter in Paris wirkte, jenes berühmte Telegramm (Periculum in mora. Dépêchez-vous), das diesen zur sofortigen Reise nach Berlin veranlaßte. Nach der weltgeschichtlichen Unterredung im Babelsberger Park übertrug der König, nachdem das Parlament inzwischen mit riesiger Mehrheit die Kosten für die Reorganisation des Heeres aus dem Etat gestrichen hatte, am 23. September dem Herrn von Bismarck-Schönhausen den Vorsitz im Staatsministerium. Der Würfel war gefallen.

II.

Der Schöpfer

Was läge näher als ein Vergleich jener beiden Männer, die als Kanzler des Deutschen Reiches ihr Volk einer neuen Epoche der Einheit und des Aufstiegs entgegenführten. Es ergäbe sich da manche Parallele. Und doch wollen wir nicht verkennen, daß die Voraussetzungen, unter denen Bismarck sein Werk begann, ganz andere waren, als der Führer sie am 30. Januar vorfand. Das war für den ehemaligen Gesandten des Bundestages wohl das schwerste: er hatte auf seinem neuen Posten eigentlich kaum Mitarbeiter, wenig Freunde und Gönner, aber um so mehr Feinde, denen zum Teil das eigene Wohlergehen näher am Herzen lag als die Wohlfahrt des Volkes.

Man kann nicht gerade sagen, daß Wilhelm I. Bismarck gerufen hat. Er erlaubte nur eben sein Kommen, und in dieser eigentümlichen Haltung war schon das ganze Geheimnis der späteren fruchtbaren Zusammenarbeit dieser beiden bedeutsamen Männer enthalten. Denn eben weil der König die geistige Überlegenheit des großen Staatsmannes in ihm erkannte, bewies er um so mehr richtigen Blick, als Bismarck in mancher Beziehung ein recht schwieriger Ministerpräsident war. Denn bei der Verfolgung seines Zieles war er von so konsequenter Beharrlichkeit, daß man ihn zunächst für einen solchen Posten als wenig geeignet ansah. Schon mehrfach hatte er durch seine Schroffheit sich den Ministersessel verscherzt, dem er bereits 1848 nahe gewesen war. Damals hatte aus diesem Grunde Friedrich Wilhelm IV. seine Ernennung abgelehnt, indem er auf der ihm empfohlenen Ministerliste neben Bismarks Namen vermerkt hatte: „Nur zu gebrauchen, wenn das Bajonett schrankenlos waltet."

Die Laufbahn des erst Siebenundvierzigjährigen war ungewöhnlich. Nach einer temperamentvoll bewegten Studentenzeit hatte er zunächst in Aachen und Potsdam als Regierungsreferendar Dienst getan, wobei es infolge großzügiger Verfechtung weitsichtiger Erkenntnisse zu mancherlei Reibungen mit den bürokratischen Vorgesetzten kam. Infolgedessen scheiterte diese Laufbahn gleich in den Anfängen, und Bismarck war genötigt, sich sieben Jahre lang der Bewirtschaftung seines pommerschen Gutes zu widmen. Diese Zeit verwandelte den Mann, wenngleich seine Lebenshaltung ihm auch jetzt noch den Ruf eines „tollen Bismarck" verschaffte. Aber man wurde aufmerksam auf die ungewöhnlichen Eigenschaften des nunmehr Dreißigjährigen, der freilich seinem Tatendrang zunächst noch alle Wege versperrt sah. Es gelang ihm nicht einmal, Landrat zu werden, und als nach dem Tode seines Vaters das Familiengut Schönhausen ihm zufiel, mußte er selbst hier, in der Heimat seines altverdienten Geschlechts, sich mit der Rolle eines Deichhauptmanns begnügen.

Das 1847 neugeschaffene preußische Parlament gab ihm die erste Möglichkeit zu politischem Wirken. Obgleich er technisch kein guter Redner war, setzte die

Schlagkraft seiner Gründe und die Folgerichtigkeit seiner Gedankenführung sich überraschend schnell durch. Bereits nach kurzer Zeit galt er wegen des temperamentvollen Tons seiner Reden als der geborene Führer der Partei, der er sich zunächst angeschlossen hatte, der altpreußischen Legitimisten. In diesem Sinne waren ihm die Gestaltungsversuche der Deutschen Nationalversammlung zuwider, und aus diesem Grunde wurde er 1853, für seine Gegner völlig überraschend, mit dem Posten eines stellvertretenden preußischen Gesandten am Bundestage betraut.

Von diesem Augenblick begann seine indirekte Einwirkung auf die Neugestaltung Preußens.

Der „gescheiterte Referendar", dessen Ernennung einen Sturm der Entrüstung ausgelöst hatte, zeigte sich sogleich von so souveräner Beherrschung des diplomatischen Geschäfts, daß seine zwar wichtigste, aber immerhin verfassungsrechtlich wenig autoritäre Stellung als Vertreter Preußens beim Reich ihn alsbald zum entscheidenden Leiter der gesamten Außenpolitik seines Vaterlandes machte.

Er diktierte sozusagen von Frankfurt aus die Haltung Preußens sowohl in der innerdeutschen wie in der außenpolitischen Frage, und es fehlte auch bereits in der ersten Zeit nicht an Fällen, wo er seine persönliche Meinung mit außerordentlicher Hartnäckigkeit selbst gegenüber der Krone durchsetzte.

Trotz verschiedener Schwierigkeiten konnte Bismarck zunächst sein Werk ein gutes Stück fördern. Denn sein König brachte ihm ein sehr weitreichendes Verständnis entgegen und ließ ihm derart freie Hand, daß er bis zum

Ende der Regierung Friedrich Wilhelms IV. von seiner ihm lieb gewordenen Stellung aus die ersten, freilich auf eigene Kappe unternommenen Vorbereitungen für seine spätere Politik unternehmen konnte.

Der Umschwung in Preußen, die sogenannte „neue Ära", brachte folgerichtigerweise zunächst die Entfernung Bismarcks von seinem einflußreichen Posten. Nachdem er nahezu neun Jahre in Frankfurt gewirkt hatte, mußte er als Gesandter nach Petersburg oder, wie er es nannte, „in die Verbannung" gehen. Dabei bedeutete diese Übertragung eines so wichtigen Postens durchaus keine Ungnade des Regenten, der vielmehr äußerte, man habe Bismarck nur „kaltgestellt wie guten Champagner zu künftigem Gebrauche".

Daß Bismarck den Petersburger Posten 1862 mit der wichtigeren Stellung eines Gesandten in Paris vertauschte, wurde bereits erwähnt. Diese Stellung am Hofe Napoleons III. war insofern bedeutungsvoll, als seit dem Krimkrieg die Vormachtstellung in Europa von Rußland auf Frankreich übergegangen war. Hier in Paris liefen jetzt alle Fäden der internationalen hohen Politik zusammen, und daher kam alles darauf an, die Rolle Preußens als des zukünftigen Gegenspielers Frankreichs mit besonderem Geschick zu vertreten.

Bismarck unterzog sich dieser Aufgabe mit einem höfischen Geschick, das in vollkommenem Widerspruch zu seinem früheren Verhalten im Parlament zu stehen schien. So kam es, daß man ihn, als er nun 1862 die Würde des Preußischen Ministerpräsidenten erhielt, zunächst als unberechenbar fürchtete. Aber wenn auch seine starre Unbeugsamkeit die anfängliche Befangenheit seiner

Gegner bald in erbitterten Haß verwandelte, wußte er sich doch andererseits gerade durch eben diese Zielsicherheit begeisterte Anhänger zu verschaffen.

Dieser geborene Diplomat bediente sich aller Gemütsregungen seiner Freunde und Feinde mit so sicherer Hand, daß sich schon in der nächsten Folgezeit zeigte, daß an seinem Erfolg nicht zu zweifeln war.

Man kann die gewaltige spätere Leistung Bismarcks überhaupt nur verstehen, wenn man sich seine Charaktereigenschaften vor Augen stellt: Wie das heutige Deutschland die Leistung eines einzigen Mannes ist, so war das Zweite Reich die Schöpfung eines einzigartigen, in seiner unvergleichlichen Größe einsam dastehenden Schöpfers.

Bismarck war, wie alle großen Männer, im tiefsten Grunde besessen vom Glauben an die eigene Leistung. Und wie er dem Glauben an sich selbst seine beste Kraft verdankte, so schreckte er auch nicht vor äußerster Härte zurück, wenn es die Durchsetzung des einmal als richtig erkannten Weges galt. Dabei wäre es grundfalsch, in ihm nur einen harten Realisten sehen zu wollen. Sagte er doch selbst als Sechzigjähriger, er sei eigentlich eine träumerische, sentimentale Natur, und die Leute, die ihn malten, begingen einen Fehler, wenn sie ihn „gewaltsam" darstellten. Die Härte, die stets bei ihm durchbrach, wenn er seine Sache bedroht sah, war eben nur der Panzer, der ihn selbst vor Anfechtungen schützte. Die Lebhaftigkeit seiner Phantasie und seine geistige Beweglichkeit sorgten dafür, daß er nicht in Starrheit verfiel.

Alle diese Eigenschaften eines starken Temperaments waren gehalten und gefaßt von einem eisernen Pflichtgefühl, das allerdings nicht in das Schema einer normalen Amtsdisziplin zu zwängen war. Sein hochkultiviertes Staatsgefühl und sein unablässiger Tätigkeitsdrang bestimmten sein Handeln, während eine für einen preußischen Junker ungewöhnliche Wendigkeit seinem stets auf Kampf gestellten Wesen die entscheidende Prägung gab.

„Ein Fuchs mit den Anschauungen Friedrichs des Großen" – diese bezeichnende Charakterisierung eines Gegners traf nicht nur für den Beginn, sondern auch für die Hauptzeit seines Schaffens zu. Wenn einer seiner bewährtesten Mitarbeiter den Alternden „mehr Mephisto als Faust" nannte, so kennzeichnete er hiermit die mit den Jahren immer klarer hervortretende skeptische Erkenntnis, die selbst vor der Tradition nicht haltmachte. Erklärte er doch 1865 gelegentlich eines Streites mit dem damaligen Kronprinzen, er halte nicht viel von der Zukunft der Hohenzollerndynastie und das Land müsse sich künftig eine andere Form der Regierung suchen.

Die äußeren Gegensätze in Bismarcks Natur sind besser zu verstehen, wenn wir in ihnen das Ergebnis seiner Herkunft und Erziehung sehen. Als Sohn eines Landedelmannes aus einem der ältesten altmärkischen Geschlechter Brandenburgs und einer bürgerlichen Mutter aus einer Professoren- und Beamtenfamilie geboren, erlebte er von Anfang an sowohl den Widerstreit wie die glückliche Vereinigung zweier in dieser Zeit noch völlig gegensätzlichen Weltanschauungen. Wie sein Vaterhaus durch die glückliche Ehe seiner Eltern die Brücke schlug zwischen allzu starrer, konservativer Beharrung und geistig regsamem Fortschritt, so entsprach auch seine Erziehung diesem Ausgleich verschieden zeitgebundener

Weltauffassungen. Er sagte einmal: „Faust klagt schon über die zwei Seelen in seiner Brust: ich beherberge aber eine ganze Menge, die sich zanken, es geht da zu wie in einer Republik.“

Wirklich verstehen kann man Bismarck nur, wenn man den Durchbruch dieser verschiedenartigen Anlagen als Elementarereignis wertet, das, zum Wohle Deutschlands, einen handelnden Ausgleich fand durch den weitgespannten Tatwillen dieses wahrhaft großen Mannes.

Indem Wilhelm I. ihn im Herbst 1862 an die Spitze des Staates stellte oder, besser ausgedrückt, sich selbst stellen ließ, unternahm er – und das ist sein welthistorisches Verdienst – ein bisher unerhörtes Wagnis. Denn die Macht wurde in die Hände eines Mannes gelegt, der seiner ganzen Veranlagung nach nicht eher ruhen würde, ehe er sein Ziel erreicht hatte. Dieses Ziel – allen, selbst dem König, damals noch unerkennbar – war ein neues Deutschland, – ein Zweites Reich.

III.

Der Weg zum Reich

Man sagt, Bismarck sei ein Gewaltmensch gewesen. Diese Bezeichnung trifft nicht das Eigentliche seines Charakters. Ein Gewaltmensch mißbraucht seine Macht. Das aber hat Bismarck nie getan. Seine Stärke lag im Handeln – und das stimmt – hierin war er brutal, aber nur, weil er mußte, um den einmal als richtig erkannten Weg zum Wohle des Volkes zu Ende gehen zu können. Die „Brutalität" war also nur Mittel zum Zweck, und zwar zum höchsten, den es für einen Staatsmann überhaupt geben kann.

„Nicht durch Reden und Majoritätsbeschlüsse werden die großen Fragen der Zeit entschieden, sondern durch Eisen und Blut." Mit diesen programmatischen Worten in der Sitzung des Preußischen Abgeordnetenhauses vom 30. September 1862 eröffnete Bismarck seinen Feldzug gegen den widerspenstigen Parlamentarismus. Ein Sturm der Entrüstung war die selbstverständliche Folge. Man fürchtete eine Diktatur nach napoleonischem Muster, einen Staatsstreich im Innern und sofortigen Krieg. Ganz allgemein sprach man von einem „miserablen Epigonentum des Alten Fritz", mit einem Wort, das der kluge Hannoveraner Bennigsen geprägt hatte.

Trotz der versöhnlichen Haltung, die Bismarck den Liberalen gegenüber in innenpolitischen Dingen gezeigt hatte, um ihre Zustimmung zum Heeresbudget zu erzwingen, war nunmehr der Verfassungskonflikt in aller Form da. Denn das Abgeordnetenhaus erklärte alsbald nach völliger Streichung der Reorganisationskosten, daß jede von ihm abgelehnte Ausgabe verfassungswidrig sei und daß es daher die Minister für die trotzdem verbrauchten Summen persönlich haftbar machen werde.

Bismarck nahm den ihm zugeworfenen Handschuh sofort auf. Er ließ den vom Abgeordnetenhaus abgelehnten Etat vom Herrenhaus eigenmächtig in Kraft setzen und erklärte in einer die Tagung beschließenden Thronrede vom 13. Oktober, daß die Regierung sich genötigt sehe, den Staatshaushalt fortan ohne die in der Verfassung vorausgesetzte Unterlage zu führen.

Das war, wenn man es recht beurteilt, de facto bereits ein Staatsstreich. Die Abgeordneten tobten. Man sprach von Gefängnis für den Minister, und selbst der König meinte, man werde wohl demnächst Bismarck auf dem Opernplatz den Kopf abschlagen und etwas später auch ihm selbst. Doch fehlte, wie sich bald zeigte, den mehr lauten als tatkräftigen Parlamentariern nicht nur der Wille, sondern auch die taktische Möglichkeit, ähnlich zu handeln wie 1848. Wußte doch Bismarck durch allerlei geschickte Schachzüge das Abgeordnetenhaus dauernd in Aufregung zu halten, so daß endlose Debatten ihm als wichtigsten Gewinn Zeit einbrachten – Zeit, die mit äußerster Energie zur Zermürbung der anfänglich vorhandenen Einheitsfront gegen die Heeresreform ausgenutzt wurde. Außerdem wurden sogleich alle regierungsfeindlichen Elemente aus der Beamtenschaft ausgeschaltet, wobei selbst vor dem Richterstande nicht haltgemacht wurde. Durch Strafversetzungen, Entlassungen, Gehaltsabzüge und schärfste Drohungen wurden die staatlichen und die Kommunalbeamten zu unbedingtem Gehorsam erzogen und eine große Zahl wegen ihrer „fortschrittlichen" Gesinnung gemaßregelt. Im Sommer des nächsten Jahres versicherte sich Bismarck durch eine Presseordonnanz der Herrschaft über die öffentliche Meinung, was allerdings, wie man ihm sogleich vorwarf, eine klare Verletzung der Verfassung bedeutete.

Nie war Bismarcks Stellung gefährdeter als in diesem Augenblick. Denn der Konprinz, der freilich seit Anbeginn in scharfem Gegensatz zu ihm gestanden hatte, erklärte in einer öffentlichen Rede, daß er nichts von diesen Verordnungen wissen wolle, an denen er keinen Anteil habe. Der König, in diesem wichtigen Augenblick schwerkrank, dachte schon daran, den unbotmäßigen Sohn seiner Ämter zu entsetzen, ja, vielleicht auch sogar auf Festung bringen zu lassen. Und die Kronprinzessin erwarb bereits ein Asyl in England.

In dieser gefährlichen Situation bewährte sich Bismarcks diplomatische Meisterschaft in großartigster Weise. Er bewog den König zu einer versöhnlichen Haltung und gewann dadurch den Kronprinzen, der zwar seine Äußerungen nicht zurücknahm, aber versprach, künftig zu schweigen.

Nun war die Frage, ob die Verfassung in aller Form aufgehoben werden sollte, oder ob der eigentümliche Schwebezustand andauern sollte, der sich aus der jedesmaligen Ablehnung aller Regierungsvorlagen durch das Abgeordnetenhaus ergab. Aber hier entschied der eiserne Wille des Königs, dessen Rechtsbewußtsein keinen auch noch so plausiblen Umweg duldete. Er fühlte sich an den auf die Verfassung geleisteten Eid innerlich gebunden und verlangte mit Nachdruck immer wieder die Anbahnung verfassungsrechtlicher Zustände.

Bismarck stand somit vor einer Entscheidung von schwerster Bedeutung. Daß das Dreiklassenwahlrecht selbst bei schärfstem Eingreifen des Staates kein tragfähiges Ergebnis bringen würde, hatten die Wahlen vom Mai 1862 gezeigt. Andererseits verlockte das Beispiel Napoleons III., es mit dem allgemeinen und direkten Wahlrecht zu versuchen, indem man durch die konservative Landbevölkerung den städtischen Liberalismus niederstimmen ließ. Da aber diese Rückendeckung zahlenmäßig nicht ausreichte, suchte Bismarck ein Bündnis mit dem Arbeiterstand. Er verhandelte, nachdem er den Verfassungskonflikt ein weiteres Jahr hingezogen hatte, mit Lassalle, der eben gerade durch Gründung des „Allgemeinen deutschen Arbeitervereins" den von ihm propagierten proletarischen Tendenzen einen festen Rückhalt zu geben versucht hatte. Diese ebenso begabte wie fragwürdige jüdische Erscheinung fiel jedoch im August 1864 in einem Duell. Bismarcks Versuche, nunmehr eine vorübergehende Klugheitsverbindung mit Marx selbst einzugehen, scheiterten an dessen eindeutig antinationaler Einstellung.

So blieb, da alle innenpolitischen Mittel zur Durchsetzung der Staatsautorität versagten, kein anderer Weg als ein außenpolitischer, was in diesem Zusammenhang den Krieg bedeutete, und zwar den Krieg als wirksamste Zusammenfassung aller Machtmittel in der Hand der Regierung. Sowohl der Liberalismus wie die Konservativen haben später Bismarck den Vorwurf gemacht, daß dieser Weg zur Einigung Deutschlands kein Weg des Rechtes, sondern ein Weg der Macht gewesen ist.

Zweifellos aber war der im Kern seiner Existenz bedrohte preußische Staat, als das Abgeordnetenhaus die Heeresaufbaupläne ruinieren wollte, gar nicht in der Lage, einen anderen Weg zu gehen. Die Weltgeschichte kennt kein Ressentiment. Hier stand nicht eine Frage des Rechts zur Erörterung, sondern vielmehr die Frage, ob Preußen oder vielmehr seine Regierung den Versuch der Zusammenschweißung Deutschlands unternehmen wollte oder nicht.

Bismarck als ein Tatmensch größten Ausmaßes hatte gar nicht die Möglichkeit, vor seinem Mut zum Handeln davonzulaufen. Er mußte handeln, weil er sich hierzu von der Vorsehung berufen fühlte. Und er handelte auch sogleich, folgerichtig und mit eiserner Konsequenz.

Die Gegnerschaft des Marxismus machte eine außenpolitische Anlehnung derart dringend notwendig, daß man in der Wahl des Bundesgenossen nicht lange zögern durfte. Bei der zunehmenden Spannung mit Österreich und der Unzuverlässigkeit Englands kam 1863, um überhaupt ein Gegengewicht gegen Österreich zu haben, nur Rußland in Frage. Hier halfen Bismarck seine guten Beziehungen zum Zaren, vor allem aber der glückliche Umstand, daß Rußland im gleichen Augenblick selbst einen Helfer brauchte. In Polen war ein blutiger Aufstand ausgebrochen, der mehr als 30000 Nationalgesinnten das Leben kostete. Nach dem hilfreichen Eingreifen Frankreichs gelegentlich des italienischen Befreiungskrieges war ein ähnliches Einschreiten Napoleons III. zugunsten der bedrohten Polen zum mindesten möglich, zumal auch Österreich hieran interessiert war. Jetzt bewährte sich die kluge Neutralitätspolitik Preußens während des Krimkrieges, die damals Rußland vor dem Ärgsten gerettet hatte. Eine neue, noch engere Zusammenarbeit kam zustande. Sie hatte allerdings die bedauerliche Folge, daß Bismarck durch Leistung einer solchen Hilfsstellung sich die unversöhnliche Feindschaft der Polen zuzog.

Die verhältnismäßig rasche Niederwerfung des Polenaufstandes beseitigte mit einem Schlage die Kriegsaussichten im Westen, da Napoleon III. nicht die geringste Möglichkeit mehr sah, der neuen russisch-preußischen Front Abbruch zu tun. Um so gespannter war die deutsche Lage, und man erwartete eigentlich schon die ersten Anzeichen des nunmehr unmittelbar drohenden Machtkampfes, als ein Ereignis von nicht geringer Bedeutung die politischen Verhältnisse geradezu auf den Kopf stellte.

Am 15. November 1863 starb völlig überraschend König Friedrich VII. von Dänemark, nachdem zwei Tage vorher das dänische Parlament die neue, sogenannte „eiderdänische" Verfassung angenommen hatte, welche die „up ewig ungedeelten" Herzogtümer Schleswig und Holstein trennte und Schleswig zu einer dänischen Provinz machte.

Dieser Schlag ins Gesicht des deutschen Nationalbewußtseins war in allen Gauen mit so einhelliger Entrüstung beantwortet worden, daß sogar der schwerfällige Bundestag sich völlig überraschenderweise zum Handeln aufraffte und Sachsen und Hannover mit der Bundesexekution gegen Dänemark beauftragte. Der Deutsche Bund anerkannte den Herzog Friedrich VIII. von Augustenburg als rechtmäßigen Herzog von Schleswig-Holstein, und am 23. Dezember begann der Bundeskrieg gegen Dänemark.

In diesem Augenblick machte Bismarck eine ebenso überraschende wie geschickte Wendung. Er stemmte sich der öffentlichen Meinung entgegen, weil er keinen neuen Kleinstaat im Norden wollte. Darum bot er Österreich, das jeder Änderung des bestehenden Zustands abhold war und ein selbständiges Handeln der deutschen Mittelstaaten ebenso fürchtete wie haßte, die Hand zu einer gemeinsamen Aktion.

Überraschend schnell kam eine Einigung zustande, und bereits am 1. Februar 1864 überschritten österreichische und preußische Truppen gemeinsam unter Führung des preußischen Feldmarschalls Wrangel die Grenze der nordischen Herzogtümer.

Ein rascher Feldzug zwang das weit unterlegene dänische Heer so schnell auf die Knie, daß die an der Lösung der dänischen Frage interessierten Großmächte keine Zeit zum Eingreifen fanden. Da Österreich und Preußen gemeinsam zunächst nur die „vollständige politische Unabhängigkeit der durch gemeinsame Institutionen verbundenen Herzogtümer" mit Beibehaltung der Personalunion mit Dänemark forderte, ergab sich weder für England noch für Frankreich ein glaubwürdiger Vorwand, sich einzumischen.

Bekanntlich wurde der endgültige Friedensschluß mit Dänemark dadurch erzwungen, daß der bereits abgeschlossene Waffenstillstand gekündigt und nach erneutem Beginn der Feindseligkeiten ganz Jütland bis zur Nordspitze bei Skagen von Österreichern und Preußen besetzt und der Übergang nach Alsen erzwungen wurde. Für Schleswig und Holstein wurde eine gemeinsame Regierung Österreichs und Preußens eingerichtet, die freilich von Anfang an nur vorübergehenden Charakter trug.

So hatte Bismarck durch einen äußeren Krieg, und zwar im Bunde mit dem präsumtiven Feind, den wichtigsten Teil seines Aufbauprogramms, die Heeresneuorganisation, praktisch durchgesetzt, denn selbstverständlich schwieg aus Gründen des nationalen Prestiges während des ganzen Jahres 1864 der nunmehr allerdings mit erneuter Heftigkeit aufflackernde Widerstand seiner Gegner.

Die immer schwieriger werdenden Verhandlungen mit Österreich über das Schicksal der nordischen Herzogtümer und die abermals aufgerollte deutsche Frage ließen eine so allgemeine Nervosität aufkommen, daß abermals die innenpolitische Lage auf des Messers Schneide zu stehen schien.

Da brachte Österreich unter dem Einfluß innerer Schwierigkeiten völlig überraschend die Rettung. Der Grund hierfür war der Zusammenbruch des dortigen liberalen Zentralismus und ein Systemwechsel, indem man von jetzt an die unter österreichischer Herrschaft stehenden Fremdvölker begünstigte und damit der Vorherrschaft des deutschen Elements ein Ende machte. Eben weil die anderen Nationalitäten Österreichs kein Interesse daran hatten, dessen Stellung im Deutschen

7*

Bund gegen Preußen zu verteidigen, sah sich der Kaiser genötigt, in der nordischen Frage nachzugeben.

Wohl blieb Holstein vorerst bei Österreich, aber eine große Reihe von Zugeständnissen bewies auch den erbittertsten Feinden Bismarcks, wie richtig dessen Politik gewesen war. Das Herzogtum Lauenburg, das völlig in Preußen einverleibt wurde, war der erste reale Gewinn der „starken" Politik, und der hierfür verliehene Grafentitel zeigte dem Ministerpräsidenten, daß sein König mit ihm zufrieden war.

Mit rascher Folgerichtigkeit entwickelte Bismarck die Situation. Die österreichisch-italienische Spannung veranlaßte ihn im Frühjahr 1866 zu einer Offensiv- und Defensivallianz mit dem neuen Königreich, die Italien verpflichtete, wenn Preußen innerhalb von drei Monaten wegen der notwendigen Reform der deutschen Bundesverfassung die Waffen gegen Österreich ergriffe, ebenfalls den Krieg zu erklären.

Dieses Bündnis bedeutete eigentlich schon den Kampf um die Vormachtstellung in Deutschland. Bereits am Tage nach Abschluß des Vertrages stellte Bismarck beim Bundestag den Antrag, ein aus direkten Wahlen nach allgemeinem Stimmrecht hervorgegangenes gesamtdeutsches Parlament zum Zwecke der Feststellung einer neuen Reichsverfassung zu berufen.

Das war, da Österreich einem solchen Verfahren niemals zustimmen konnte, die offene Herausforderung zum Kampf – eine Herausforderung, die eigentlich nur von dem einzigen Mann Bismarck ausging. Denn in dieser kritischsten Stunde seines Lebens stand er ganz allein.

Selbst sein König mißtraute der Durchführbarkeit seiner Pläne und riet vom Kriege ab. Der Kronprinz klagte öffentlich über das „frevelhafte Spiel mit den heiligsten Gütern, das die Zukunft der Dynastie in Frage stelle". Das Volk zeigte mit einhelliger Übereinstimmung seinen Abscheu gegen den Bruder- und Bürgerkrieg. Und als am Nachmittag des 7. Mai Unter den Linden ein junger Mann, „um das Vaterland durch Ermordung des Unheilstifters zu erretten", aus nächster Nähe mehrere Revolverschüsse auf Bismarck abgab, wurde (nach Hüffer) „öfter beklagt, daß der Attentäter fehlgeschossen als daß er geschossen hatte."

Als aber dieser verhängnisvolle Schuß fiel, war Bismarcks Spiel in Wirklichkeit bereits gewonnen. Denn schon am 21. April hatte Österreich seine Südarmee, eine Woche später auch die Nordarmee mobilisiert, worauf Preußen am 3. Mai mit der Bereitstellung von fünf Armeekorps geantwortet hatte. Nun wurde der Rest der Feldarmee und am 10. Mai sogar die gesamte Landwehr einberufen. Damit stand der Krieg vor der Tür. Daß er nicht sogleich ausbrach (was später fälschlich so gedeutet wurde, als wäre die preußische Armee nicht so rasch marschbereit gewesen), hatte seinen einzigen Grund im immer stärker werdenden Widerstand des Königs gegen den Krieg. Wurde doch noch immer durch Mittelsmänner mit Österreich verhandelt, und zwar auf der Basis des nunmehrigen Zugeständnisses der Teilung Deutschlands in Nord und Süd, dieses unter preußischer und jenes unter österreichischer Führung. Daß diese Lösung für Bismarck völlig unmöglich war, liegt auf der

Hand, und so verhinderte er sie durch eine seiner bezeichnenden raschen Wendungen.

Am 1. Juni hatte nämlich die österreichische Politik einen folgenschweren Fehler begangen, indem sie die Entscheidung über die schleswig-holsteinische Frage dem Bundestag anheimstellte, gleichzeitig aber zwecks Erforschung der wahren Volksmeinung die holsteinische Ständeversammlung einberief.

Dies war ein glatter Bruch des preußisch-österreichischen Vertrages über die Verwaltung der Herzogtümer, und Bismarck hatte es leicht, diesen Schlag zu parieren. Er ließ statt einer Antwort preußische Truppen in Holstein einrücken, um die Tagung der Stände zu verhindern, und diese kriegerische Handlung wurde von Österreich sofort mit dem Antrag auf Mobilisierung sämtlicher nichtpreußischer Armeekorps der Bundesarmee beantwortet.

Als am 14. Juni ein diesbezüglicher Entschluß des Bundestages erfolgte, konnte Preußen mit gutem Recht den bisherigen Bundesvertrag für gebrochen erklären. Bismarck, der bereits wenige Tage vorher allen deutschen Regierungen Bundesreformvorschläge zwecks Einigung Deutschlands unter preußischer Führung übersandt hatte, ließ am 15. Juni diesen erklären, daß er sich im Kriegszustand mit ihnen betrachte, wenn sie ihre Truppen mobilisieren würden und die vorgeschlagene Bundesreform nicht annähmen.

Damit war der Weg zum neuen Reich mit eiserner Folgerichtigkeit zu Ende gegangen. Die Entscheidung lag jetzt auf der Spitze des Schwertes. Eben dieses Schwert war es, das Bismarcks Härte und Tatkraft inzwischen zum vollkommensten Instrument seines Staatswillens gemacht hatte.

Der rasche Verlauf des Deutschen Krieges von 1866, der hier als bekannt vorausgesetzt werden darf, bestätigte mit einem Schlage die vollkommene Richtigkeit seiner Pläne. Aus dem kurzen Bruderkrieg ging ein neues Reich hervor, zunächst freilich nur als Norddeutscher Bund. Aber bereits zwei Jahre nach dem Krieg erreichte Bismarcks überlegene Staatskunst den Hinzutritt der versöhnten süddeutschen Staaten zu einer Zollunion, die 1869 auch staatsrechtlich zum zweiten Deutschen Bund ausgebaut wurde, zu jener Einheit also, die wir heute Zweites Reich nennen.

IV.

Die Erfüllung

Bismarcks Wille zum Reich bediente sich aller Mittel, die einen Erfolg versprachen. Niemals aber waren ihm diese Mittel Selbstzweck. Ob er seine Meisterschaft im diplomatischen Spiel wirken ließ oder einen Kriegsfall wie in Schleswig-Holstein, der an sich mit der Herbeiführung des Reiches nicht das geringste zu tun haben schien, durch sein Eingreifen zum Baustein des Reiches machte, immer sah er vor sich die Stärkung des Staates Preußen mit dem Ausblick auf den größeren Zusammenschluß, den wir das Zweite Reich nennen.

Es ist müßig, darüber zu rechten, inwieweit Absicht oder Zufall, bewußter Wille oder glückliche Fügung diesen oder jenen Schritt gerade zu dem und zu keinem andern Ergebnis führen ließen. Bei einem Manne wie Bismarck war allein entscheidend, wie er sich die Gegebenheiten zunutze machte. Er war von einem hohen Ziele besessen und glaubte an seine Berufung.

Bei jeder Staats- und Reichsgründung werden sich Stimmen finden, die nachträglich das Zustandekommen als unmoralisch hinzustellen versuchen oder seine Entstehung als unlogisch zu bezeichnen sich erdreisten. Wir müssen uns heute frei machen von jener Art der Geschichtsauffassung, die die Späne, die beim Hobeln fallen, als das Wesentliche hinstellen, um darüber das eigentliche Werk mißzuverstehen. Selbstverständlich fehlte es im Lager der Doktrinären und ewigen Besserwisser, die Bismarcks Wort vom „Blut und Eisen“ falsch verstanden, übelnahmen und schief bogen, nicht an Einwänden gegen den Tatsachenbestand, daß der Norddeutsche Bund und auch das in Versailles beschworene Reich durch militärische Machtentfaltung entstanden seien. Den Nutzen des Reiches wußten sie jedoch alle zu verwenden, ohne einen besseren Weg auch nur andeuten zu können.

Selbst der in seinen Anschauungen maßgeblich durch seine Heirat mit der Tochter der englischen Königin Viktoria bestimmte nachmalige Kaiser Friedrich III. sah das Genie Bismarck durch seine liberale Dogmatik verzerrt und war damit der naturgegebene Führer der blinden, von Neid und Unverstand in gleicher Weise erfüllten Fronde gegen den Kanzler seines Vaters. Noch am Sylvesterabend 1870 schrieb er in sein Tagebuch:

„Bismarck hat uns groß und mächtig gemacht, aber er raubte uns unsere Freunde, die Sympathieen der Welt und – unser gutes Gewissen. Ich beharre noch heute fest bei der Ansicht, daß Deutschland ohne Blut und Eisen allein mit seinem guten Rechte moralische Eroberungen machen und einig, frei und mächtig werden konnte ... Der kühne, gewalttätige Junker hat es anders gewollt.“

Diese Äußerung des Kronprinzen, der bei dem schon damals hohen Alter Wilhelms I. als der baldige Nachfolger galt, zeigt schlagartig, gegen welche ungeheuren Widerstände Bismarck zu kämpfen hatte und auf wie schwache Füße gestellt das Reich den meisten Mitlebenden erscheinen mußte. Es muß aber bereits an dieser

Stelle zur Charakterisierung des Kronprinzen Friedrich darauf verwiesen werden, daß nachher gerade er es war, der die kaiserlichen Machtansprüche gegenüber den andern deutschen Königen gern schroffer und umrissener festgelegt wissen wollte, als es der staatsmännische Weitblick Bismarcks für richtig hielt.

Der preußisch-österreichische Bruderkrieg hat dem deutschen Volkskörper zweifellos große Wunden geschlagen, die ja selbst heute noch sichtbar sind. Nicht sichtbar und deshalb auch nicht abzuschätzen ist das Bild eines Deutschlands, das ohne die Formung durch Bismarcks Hand heute um uns herum Wirklichkeit wäre. Auch in den glanzvollen Zeiten des Ersten Reiches ist die tatsächliche Gestaltung immer hinter der Idee zurückgestanden. Unverheilbar wäre die 1866 geschlagene Wunde erst, wenn sie die Folge einer Auffassung gewesen wäre, die wertmäßige Unterschiede zwischen den deutschen Stämmen angenommen hätte.

Bismarck hatte auch keineswegs die Absicht, etwa – wie man mitunter liest – die Deutschen in Österreich den vielen andern Nationen des Habsburgerreiches auszuliefern. Er war auch in keiner Minute beseelt von Rachegefühlen oder Siegergelüsten, als die preußischen Fahnen durch die überlegene Strategie des großen Moltke den Sieg errangen.

Der Soldat im Hohenzollern Wilhelm I. wollte nach Königgrätz – im Gegensatz zu seinem anfänglichen Sträuben gegen die kriegerische Auseinandersetzung – die Unterwerfung, ausgedrückt durch einen triumphalen Einzug in Wien. Der Staatsmann und Deutsche Bismarck wollte gerade wegen des entscheidenden Einsatzes von Blut und Eisen die Möglichkeit einer völligen Aussöhnung offenlassen.

Diese grundsätzliche Verschiedenheit der Auffassungen führte zu einer der schwersten Krisen im Verhältnis Kaiser—Kanzler. Wilhelm I. und mit ihm die gesamte Generalität sahen sich um die Frucht ihres Sieges betrogen. Für Bismarck aber bestand der Sieg im Reich, das nie auf die treue Schicksalsverbundenheit mit den Deutschen außerhalb seiner im Augenblick freilich engen Grenzen zu verzichten gedachte. Hieraus erhellt am deutlichsten, daß Bismarcks Vorstellung vom Reich weit über Dynastien und staatliche Grenzen hinaus ging und daß er, der preußische Junker, als Deutscher und nur als Deutscher fühlte.

In dieser für das gesamte Deutschtum entscheidenden Stunde war es der Kronprinz, der auf die Seite Bismarcks trat und seinen Vater zum Nachgeben zu bringen wußte. Der greise König schrieb damals die Worte, er sei „von allen verlassen und füge sich gegen seine bessere Überzeugung".

Diese unverhoffte Hilfe durch den Kronprinzen, der in diesem Augenblick die weitere Sicht des ihm im tiefsten Wesen unsympathischen Kraftmenschen Bismarck mehr spürte als klar erkannte, hat ihm Bismarck nie vergessen. Und auch wir erkennen daran, daß das Bild eines Menschen sich nie aus einzelnen Äußerungen und gelegentlichen Randbemerkungen ergibt, sondern erst aus der Gesamtheit seiner Entscheidungen.

Der Norddeutsche Bund von 1866 war ganz offensichtlich eine Schöpfung, die auf Erweiterung wartete. Er bedeutete die beträchtlichste Einengung des gesamtdeutschen Lebensraumes, die seit dem westfälischen Frieden vorgenommen worden war. 1648 gingen zwei wichtige kerndeutsche Gebiete dem Reiche und damit dem Volkstum politisch verloren, die Niederlande und die Schweiz. Der Verlust von Lothringen und Elsaß durch Ludwig XIV. und XV., der die nächste Einbuße bedeutet hatte, schien durch die Eindeutschung des neupreußischen Ostraumes am Ende des 18. Jahrhunderts mehr als wettgemacht. Erst nach der Auflösung des Ersten Reiches folgten die schwerwiegenderen Schmälerungen des deutschen Volksraumes: die Preisgabe der österreichischen Niederlande, also Belgiens mit seinem wertvollen flämischen Volkstum und die Aufgabe der Reste des mittelalterlichen deutschen Südreiches, also der Lombardei und Venetiens. Nun aber zerriß Bismarcks Gründung eines kleindeutschen Staates den bisher geschlossen verbliebenen Rest des Volkskörpers in zwei für 80 Jahre kulturell auseinanderstrebende Teile.

Trotzdem hat es keinen Sinn, sich durch das Wort vom „kleindeutschen Reich" die Tat Bismarcks nun auch als nur klein, falsch, hemmend und trennend vorzustellen. Vielmehr darf man wohl mit Recht der Meinung sein, daß die Schaffung des preußisch-deutschen Staates einem Reichsgebilde, das keinerlei politische Lebenskraft mehr hatte, ein notwendiges Ende machte. Daß es die Umstände selbst einem Bismarck nicht gestatteten, einen Idealzustand zu schaffen, über den allerdings eine auch nur annähernd einhellige Vorstellung niemals sichtbar geworden ist, ist für uns kein Grund, die Größe seines Werkes zu schmälern.

Wir können und müssen den Gang der Entwicklung bedauern. Das aber trifft niemals Bismarck, der das Seinige dazu tat, ihn zu bessern, sondern alle jene Kräfte, die bereits Jahrhunderte vorher das Reich zum Spielball eigensüchtiger Geschäfte machten und diesen Zustand auch in den Tagen Bismarcks nur zu gerne aufrechterhalten hätten. Die außerhalb des Zweiten Reiches gebliebenen Volksgenossen gehören zu uns, wir werden sie niemals verleugnen. Aber wir und sie sehen in der Bismarckschen Reichsschöpfung den harten Block, der jedem Zerstörungswillen – auch im Weltkrieg – widerstand. Das aber ist etwas Großes, wofür wir ihn Ehrfurcht Dank schulden.

Das innere Gesicht des Norddeutschen Bundes gewann sehr bald feste Umrisse. Die „Gebietsbereinigung in Norddeutschland" war eine umfassende und erleichtert gerade heute die einheitliche Gestaltung der Reichsverwaltung. Preußen verleibte sich das Königreich Hannover, das Kurfürstentum Hessen, die Herzogtümer Nassau, Schleswig und Holstein und die Freie Stadt Frankfurt ein, forderte jedoch weder von Österreich, noch von Bayern und Sachsen Gebietsteile. Damit erreichte es einerseits, daß die Donaumonarchie bereits in den allernächsten Jahren eine versöhnliche Haltung einnehmen konnte, so daß die sogenannte „Schmach von Sadowa" bald vergessen war. Anderseits waren die Glieder des neuen Norddeutschen Bundes von Anfang an willige und freudige Teilnehmer am Neuaufbau des Reiches, der nun überraschend schnell vonstatten ging.

Getragen von der allgemeinen Begeisterung über die erreichte Einigung zunächst Norddeutschlands, hatte es Bismarck leicht, die entscheidenden Vorteile für die Reichssouveränität den an sich völlig selbständig bleibenden Gliedstaaten des Norddeutschen Bundes gegenüber durchzusetzen. Schon jetzt wurde – ein bewußter erster Schritt zur vorerst noch in grauer Zukunft liegenden eigentlichen Reichsgründung – die künftige monarchistische Form des künftigen Kaiserstaates dadurch festgelegt, daß die Bundesleitung erblich mit der Krone Preußens vereinigt wurde. Auch das Heer, das im ganzen Bundesgebiet nach der allgemeinen Wehrpflicht organisiert wurde, sollte fortan unter Leitung des Königs von Preußen stehen, der den Bund auch völkerrechtlich zu vertreten hatte. Aber während es beim Heer, der Souveränität der Gliedstaaten entsprechend, bei einer Vielfalt von landesherrlichen Kontingenten bleiben mußte, konnte die preußische Flotte, weil ursprünglich aus der Reichsflotte von 1848 hervorgegangen, ohne weiteres zur Deutschen Reichsflotte erklärt werden. Der Regierung, unter Leitung des Bundeskanzlers Bismarck, trat ein Bundesrat zur Seite, in welchem Preußen 17, die übrigen 21 Länder zusammen 26 Stimmen hatten. Der Reichstag, der aus allgemeinen, gleichen und direkten Wahlen hervorging, genehmigte am 17. April 1867 diese rasch abgeschlossene Verfassung.

Bereits das nächste Jahr brachte einen entscheidenden Schritt vorwärts. Dem Norddeutschen Reichstag traten, zunächst allerdings nur zum Zwecke der Wiederherstellung des Zollvereins als Zollparlament, delegierte Abgeordnete sämtlicher süddeutschen Staaten bei. Nach dem glücklichen Abschluß dieser schwierigen Verhandlungen stand der staatsrechtlichen Einbeziehung

Süddeutschlands in den Norddeutschen Bund innenpolitisch nichts mehr im Wege. Außenpolitisch jedoch regte sich sofort wieder Widerspruch. Als im Herbst 1869 der Norddeutsche Bund durch den Beitritt Bayerns, Württembergs und Badens zum zweiten Deutschen Bunde umgestaltet werden sollte, verhandelten Österreich, Italien und Frankreich über ein Gegenbündnis, das den offenen Zweck hatte, die neue Einheit zu zerschlagen.

Unter diesen Umständen gab es abermals für Bismarck zur Durchkämpfung seines hohen Ziels keine andere Möglichkeit, als einen Krieg.

Bereits 1868 hatte er gelegentlich einer Stockung der Einigungsverhandlungen mit Süddeutschland geäußert, die endgültige Zusammenschweißung zum Reich bedürfe eines äußeren, nationalen Anstoßes. Er meinte damals, Napoleon III., werde durch die Stimmung seines Volkes zum Krieg mit dem Norddeutschen Bund gezwungen werden, und dieser Krieg, der für Deutschland nicht anders als siegreich ausgehen könne, werde die volle Einigung bringen. Auch hatte er das Eintreten dieser Krisis ganz richtig auf zwei Jahre später angegeben, und genau zur bezeichneten Zeit trat die Krise auch wirklich ein.

Die Ereignisse des Deutsch-Französischen Krieges können hier außer Betracht bleiben – nicht aber die ungeheure nationale Begeisterung, die die Kette der überraschend schnellen Siege hervorrief. Sie war es, die recht eigentlich den inneren Zwiespalt Deutschlands überbrückte und die Gliedstaaten des in feierlicher Proklamation in ein Kaisertum verwandelten neuen Reiches zu einer fortan unauflöslichen Einheit verband.

Auch tatsächlich brachte dieser Krieg die von Bismarck seit langem vorbereitete staatsrechtliche Einigung Deutschlands. Bereits am 14. April 1871 wurde die neue Reichsverfassung vom Reichstag genehmigt. Sie war völlig die gleiche wie die des Norddeutschen Bundes. Die 25 Bundesstaaten erhielten im Bundesrat zusammen 58 Stimmen, wovon Preußen nach wie vor 17 bekam. Das neugewonnene Elsaß-Lothringen, der erste außenpolitische Gewinn seit Friedrich dem Großen, wurde zu einem Reichsland erklärt. Sonst aber wurde an dem bundesstaatlichen Charakter des Staatsgefüges nichts geändert.

[Das Zweite Reich entstand also, rein äußerlich gesehen, aus einer Reihe von Kriegen. Kein einziger aber war vom Schöpfer des Reiches „vom Zaun gebrochen". Bismarck hat mehr Kriege verhindert als geführt. Er hat lediglich von seiner überzeitlichen Schau aus Spannungen in seine Rechnung gestellt und zu benutzen verstanden, die, anders angepackt, Deutschland unweigerlich in ein nie wieder zu lösendes Chaos zerrissen hätten.

Der Deutsch-Französische Krieg, der uns mit einer schweren, außenpolitischen Belastung beschwerte, war nicht etwa von Bismarck heraufbeschworen, um durch seine Siege ein Deutsches Reich aus der Taufe heben zu können. Er sah ihn aus ganz anderen Gründen kommen und verstand es, ihn zu einem seiner Werkzeuge zu machen. Das ist alles!

Die tieferen Gründe lagen in der Ausweglosigkeit der Herrschaft des dritten Napoleon, der Lorbeeren brauchte, um die Hoffnungen, die sich in Frankreich an seinen Namen knüpften, wenigstens dem Schein nach zu erfüllen.

Bismarck durfte nicht zugeben, daß Napoleon durch Schweigen und Nachgeben auf deutscher Seite mit seiner immer herausfordernder werdenden Sprache gar zu billige Triumphe einsteckte. Damit wäre der Deutsche Bund von vornherein zu einer Zweitklassigkeit erniedrigt worden. Es ging aber um die Weltgeltung des neuen Reiches; sie war eine unerläßliche Voraussetzung für dessen Bestand und konnte nicht durch kluge Reden geschaffen werden, sondern durch Stärke.

Stärke ist nicht in jedem Fall gleichbedeutend mit Krieg. Stärke ist Wahrung der Ehre und Unantastbarkeit des deutschen Lebensraumes. Krieg ist lediglich ihr letztes Mittel und für uns Deutsche stets die Abwehr ungerechtfertigter Angriffe.

So lag es im wesentlichen auch 1870. Daß aus der klug angesetzten Abwehr ein glänzender Sieg wurde, ist ein Verdienst von Bismarcks politischer und Moltkes militärischer Führung. Niemand wird es einfallen, die französische Verärgerung über die eigene Niederlage diesen Männern als Schuld in die Schuhe zu schieben. Wer eine letztlich giltige Entscheidung heraufbeschwört, muß mit der Kraft des Gegners rechnen. Wenn er sie falsch einschätzt, hat er vor der Geschichte kein Recht, sich zum Märtyrer zu stempeln. Überdies sah Bismarck auch in diesem Falle die ganze Unfruchtbarkeit des deutsch-französischen Gegensatzes und suchte ihn nach Möglichkeit zu mildern. Die Friedensbedingungen geben ein beredtes Bild davon.

Der festliche Krönungsakt im Schlosse von Versailles läßt den Krieg zwischen Frankreich und Deutschland noch mitten im Lärm der Schlachten bereits als Angelegenheit zweiten Ranges in Bismarcks politischem Gedankengebäude erscheinen. Er sah bereits die Aufgaben der Zukunft und vergaß nicht, daß Frankreich so wenig wie im umgekehrten Falle Deutschland durch keine noch so große militärische Niederlage auf die Dauer aus dem politischen Kraftfeld Europas ausgeschaltet werden kann. Die Sorge um die Gründung des Reiches wurde sofort abgelöst durch die Sorge um seinen Bestand.]

Die Frage der nächsten Zukunft war nun, ob der in Versailles beschworene Bund der deutschen Fürsten im deutschen Volke soviel Widerhall finden würde, daß ihn schließlich selbst der Wille der Vertragschließenden nicht mehr zu lösen imstande sein würde. Ebenso wichtig aber war zumindest die Aufgabe, im großen Spiel der Weltpolitik das Ruder des deutschen Staatsschiffes so zu handhaben, daß es kein Strudel in unvorhergesehene Wechselfälle hinabzuziehen vermochte. Bismarck hat noch zwei Jahrzehnte hindurch die Zügel der Regierung in seinen bewährten Händen gehalten und immer wieder Ausgleiche zu erzielen verstanden, wo ernste Verwicklungen schon unabänderlich schienen.

Seine schöpferische Tat reiht Bismarck ein in die Reihe der ganz Großen unserer Geschichte. Gerade heute können wir die Bedeutung dieses Mannes erst recht erkennen. Man braucht nicht blind gegen die Schwächen und Fehler des Mannes wie des Werkes zu sein, wenn man beiden einen Ehrenplatz in der Geschichte der

Deutschen einräumt. Bismarck baute sein Reich auf staatlichen Pfeilern, die heute zusammengebrochen sind. Er sah keineswegs das Volk als die einzig tragfähige Grundlage eines Staates der modernen Zeit, sondern glaubte an die Allgewalt der staatlichen Machtmittel. Aber das ist bei ihm weniger ein Irrtum als vielmehr das zeitlich Gebundene seines Werkes.

Wenn das Reich trotzdem in seinem äußeren Zusammenhalt, selbst durch den Zusammenbruch von 1918 hindurchgerettet werden konnte, so beweist das, wie tief Bismarcks grandiose Tat innerhalb zweier Generationen im deutschen Volk Wurzel gefaßt hat. Das aber ist der beste Lohn für den ehernen Mann, der im Leben und Tode viel Undank und Mißverstehen erntete und dessen letztes Wort in banger Sorge war: „Deutschland, mein Deutschland".

8*

V.

Der Kulturkampf

Mit der Gründung des Zweiten Reiches trat zunächst eine fühlbare Entspannung in der europäischen Politik ein. Die Sicherung des Friedens lag bei Bismarck in starker Hand. Trotzdem wurden sehr bald Gegenkräfte wirksam und dem aufmerksamen Auge auch sichtbar, die das Reich sowohl von innen her zu unterhöhlen als auch von außen her zu bedrohen begannen. Aus beiden Richtungen her bricht im Großen Kriege die Meute der Unzähligen über Deutschland herein und dieses Ineinanderarbeiten der inneren und äußeren Feinde vernichtete zwar die Machtstellung des Reiches, nicht aber sein im Volk bereits tief verwurzeltes Gefüge.

Dem historischen Betrachter der Geschichte des Zweiten Reiches fällt zunächst die Kürze des Bestehens dieser Staatsschöpfung ins Auge. Bei oberflächlichem Hinsehen verleitet sie zu der Annahme, daß ein Bau, der so schnell nach seinem Entstehen zusammenbricht, bereits in seiner Anlage völlig verfehlt sein müßte. Das stimmt zweifellos zu einem Teil, aber sagt in diesem Falle doch nicht alles. Es stimmt insofern, als der Staatsapparat 1918 zwar völlig auseinanderfiel, und ohne hörbaren Protest die Umschaltung Wirklichkeit werden ließ. Diese Behauptung aber findet ihre Grenzen an der

Erkenntnis, daß letzten Endes der ideelle Unterbau des Reiches gehalten hat. Das Ziel der äußeren und inneren Feinde des Bismarckschen Reiches wäre erst erreicht gewesen mit der Ausschaltung der deutschen Nation durch den Auseinanderfall in die Vielgestalt der Stämme.

Man müßte blind sein, wenn man verkennen wollte, daß nicht bereits im Grundgefüge des Reiches vieles vorhanden war, das seinen Bestand im Ernstfall in Frage stellte. Zuviele lebenswichtige Fragen waren entweder nur gestreift oder gar überhaupt nicht als solche erkannt. Das lag im wesentlichen begründet in Bismarcks Staatsauffassung; er sah mit den Augen des 19. Jahrhunderts den Primat des Staates über das Volk; er erkannte deshalb auch nicht in der ganzen Tragweite die Entstehung des sogenannten Arbeiterstandes und ließ deshalb die Auseinanderreißung der Nation in „Bürger" und „Proletarier" zu, bevor die Nation überhaupt fest zusammengewachsen war.

Lebensgefährlich aber wurde diese tragische Verkennung der politischen Gegebenheiten dadurch, daß sich auch nach Bismarck niemand fand, der das nachzuholen bemüht war, sondern Männer die Leitung des Staates in die Hand bekamen, die über den Durchschnitt nicht hinausragten.

Alle Welt erwartete von der Bismarckschen Neugründung Erstaunliches. Denn bereits die Jahre zwischen dem Deutschen Krieg und der Krönung des Werkes in Versailles hatten im norddeutschen Bundesgebiet eine solche Reihe großzügiger und umfassender politischer Neuerungen gebracht, daß ganz Europa mit

Spannung einen kulturellen und vor allem zivilisatorischen Anlauf des neuen Deutschland erwartete. Freizügigkeit und Gewerbefreiheit, Aufhebung von Schuldhaft und Zinsbeschränkung, Verleihung des Koalitionsrechtes an Arbeitnehmer und Arbeitgeber und andere fortschrittliche Errungenschaften waren bereits vor 1870 durchgeführt. Jetzt folgte die Vereinheitlichung von Maß, Gewicht und Münze, eine grundlegende Reform der Justizverfassung und des Prozeßrechtes und eine große Zahl von Maßnahmen zur Belebung der Wirtschaft und Industrie im Sinne der damals noch vorherrschenden Freihandelsdoktrin.

Die nicht geringe Belebung der Wirtschaft durch den Kriegsausgang selbst, der sogenannte „Milliardensegen" der französischen Kriegskontribution brachte zwar zunächst nur die gefährliche Scheinblüte der sogenannten Gründerjahre, aber selbst der 1873 eintretende „große Krach" vermochte die aufblühende deutsche Wirtschaft nicht ernstlich zu schädigen. Die plötzlich sehr stark organisierten Großindustriellen schoben die Schuld für die immerhin fühlbare Krise nicht ungeschickt auf das ihnen unbequeme Freihandelssystem, und daraufhin erfolgte zwangsläufig eine rasche Umorganisierung der Wählerschaft, die sich seit 1874 zuungunsten der Liberalen und zugunsten der Konservativen auswirkte.

Dieser unerwartete rein wirtschaftlich bedingte Umschwung war von ausschlaggebender Bedeutung für die Innenpolitik des neuen Staates. Bismarck, er mochte so autoritär regieren wie er wollte, war – und das war seine größte Stärke! – von außerordentlicher Empfänglichkeit für die geistigen Strömungen der Zeit. Mit der gleichen Elastizität, die er einst beim Übergang von der geistigen Haltung eines reaktionären Junkers zu der eines fortschrittlichen Realpolitikers gezeigt hatte, wandte er sich jetzt und in der Folgezeit dem bürgerlichen Liberalismus zunächst zu, und dann wieder von ihm ab. Genau so ließ er jetzt den langverteidigten Freihandel fallen und ging zu einer konsequenten Schutzzollpolitik über.

Alle diese mitunter schlaghaft einsetzenden Richtungsänderungen seiner Politik waren nichts anderes als Auswirkungen eines feinen Gefühls für das politisch Mögliche, verraten aber auch sehr kraß das Fehlen einer großen politischen Idee, aus der heraus die einzelnen Maßnahmen ihren tieferen Sinn empfangen und damit auch das nötige Verständnis im Volk gefunden hätten. Aus dieser Zwiespältigkeit heraus, und aus seinem ungewöhnlichen Wirklichkeitssinn, der sich über die Tragweite seiner Handlungen kaum je täuschte, unternahm es nun der große Mann, aus dem durch jahrzehntelange politische Zerrissenheit in allen Lebensäußerungen geschädigten Deutschland den modernsten Staat der Welt zu machen.

Dabei stieß er im Innern zugleich auf einen der gefährlichsten Gegner, die dem damaligen Staate überhaupt erwachsen konnten: Die Machtansprüche der katholischen Kirche! Kein Geringerer als Rudolf Virchow hat diesen mit Ingrimm geführten innenpolitischen Krieg zuerst als „Kulturkampf" bezeichnet. Es ging wirklich um die Kultur des deutschen Volkes – um die endgültige Befreiung der Geister von fremdrassischer Bevormundung, wenngleich Bismarck den Konflikt weniger weltanschaulich als politisch sah.

Den äußeren Anlaß hatte die sogenannte Unfehlbarkeitserklärung des Papstes gegeben, jener Beschluß des vatikanischen Konzils, daß der sogenannte „Stellvertreter Christi", wenn er „ex cathedra" ein Dogma auslege, nicht irren könne. An sich bedeutete diese Lehre weiter nichts, als daß die „alleinseligmachende" Kirche das alleinige Recht der Aufstellung von Glaubenssätzen beanspruchte. Gleichwohl zeigte sich bereits im ersten Jahre nach diesem Konziliarbeschluß gerade in streng katholischen Kreisen ein so heftiger Widerstand gegen diesen Unfehlbarkeitsanspruch, daß eine kleine, wenn auch geistig bedeutsame Abspaltung entstand, der sogenannte „Altkatholizismus". Wohl war diese im wesentlichen nur aus Intellektuellen bestehende „Ketzerei" zum Absterben bestimmt, weil ihr, als Offizieren ohne Soldaten, die Gefolgschaft breiterer Massen fehlte. Aber die immerhin stark vermehrte katholische Agitation, die auf Wiedergewinnung der „abtrünnigen Schäflein" abzielte, wurde der Anlaß zu mehrfachen Zusammenstößen mit dem Staat.

Denn bereits im Sommer 1870 war für Preußen und das Reich eine besondere katholische Partei gegründet worden, das sogenannte Zentrum, das freilich 1852 bis 1866, wenngleich mit anderen politischen Zielen, bereits einmal bestanden hatte. Die neuen Programmpunkte ließen an Schärfe nichts zu wünschen übrig und waren auf den Machtkampf abgestellt: Völlige Selbständigkeit der Kirche, Konfessionsschule, Unterrichtsfreiheit der Orden auf geistigem Gebiet – Verminderung der Militärlasten, Verkürzung der Dienstzeit, Stärkung des föderativen Charakters des Reiches.

Für die rein kirchlichen Ziele hätte Bismarck noch Verständnis haben können. Aber die politischen forderten ihn geradezu heraus. Hinzu kam, daß ein Mann von seltener Bedeutung binnen kurzem an die Spitze der Partei trat, der frühere hannoversche Minister Windhorst, der aus seiner nach wie vor welfischen Gesinnung kein Hehl machte. Ein winziger, sehr häßlicher, fast blinder Herr von wachem Intellekt und bis zur Bosheit gehender Geistesschärfe, temperamentvoll und herrschsüchtig, dabei aber persönlich anspruchslos, machte er sich durch ein in Deutschland noch nie gesehenes parlamentarisches Geschick nicht nur zum Führer der Zentrumspartei, sondern zum eigentlichen Gegenspieler Bismarcks in allen politischen Fragen.

Die Offensive ging eigentlich vom Katholizismus aus, indem die Zentrumsfraktion bei der Eröffnung des Reichstages für die Kirche die gleichen verfassungsrechtlichen Garantien im Reich verlangte, die sie bisher in Preußen besessen hatte – eine Forderung, die für die rein protestantischen Länder unerfüllbar war. Bismarck zögerte mit der Beantwortung dieses Angriffs, schlug dann aber gleich kräftig zu, indem er 1871 die besondere katholische Abteilung des Kultusministeriums aufhob. 1872 folgte die Anordnung der weltlichen Schulaufsicht, und mit der Einführung der obligatorischen Zivilehe begann 1874 der offene Kampf.

Auf Einzelheiten dieser Auseinandersetzungen einzugehen, ist an dieser Stelle nicht nötig. Bismarck sah sich gezwungen, die Mehrzahl seiner Gegenmaßnahmen rückgängig zu machen, ohne den politischen Katholizismus in die Knie gezwungen zu haben. Die Gründe hierfür lagen nicht in der „Unbesiegbarkeit" der römischen Kirche, wie man von katholischer Seite mehr geschickt als richtig zu erzählen wußte, sondern in der mangelnden geistigen Vorbereitung des deutschen Volkes durch den Staat. Hier wird am erschreckendsten die ganze innere Brüchigkeit des deutschen Volksgefüges der damaligen Zeit sichtbar, die zudem nicht einmal als der ausschlaggebende Fehler in der Rechnung erkannt wurde.

Das zeigte sich auch in der anderen großen Auseinandersetzung, die dem Staate bevorstand: bei der sozialistischen Frage. Es ist die durch nichts zu leugnende Schuld aller besitzenden Klassen des vorigen Jahrhunderts, die Ansprüche eines neuentstehenden Standes mißachtet und mit Almosen zu befriedigen versucht zu haben. Hierdurch entstand die Kluft zwischen Besitzenden und Ausgestoßenen, zwischen Berechtigten und Entrechteten, die dem deutschen Volk die schwersten Wunden schlug.

Bismarck sah insoweit über die Zeit hinaus, als er die soziale Schutzbedürftigkeit des Arbeiters anerkannte und mit staatlichen Mitteln für den Arbeiterstand eintrat. Die soziale Gesetzgebung von 1881 wurde bald Vorbild für die verschiedensten Länder, ohne jedoch jemals erreicht oder gar übertroffen zu werden. Bismarck verstand nach dieser Gesetzgebung die ungeminderte Unzufriedenheit des deutschen Arbeiters nicht mehr und deutete sie falsch. Er sah in ihr mit Recht das Werk der jüdisch-marxistischen Hetze, die eine Aussöhnung zwischen Staat und Arbeiter unter allen Umständen ihrer Machtziele wegen zu verhindern suchte; er sah aber nicht, daß der deutsche Arbeiter nicht nur Brot, sondern auch

Ehre wollte. Dadurch, daß dieser ideelle Anspruch des deutschen Arbeiters von keiner Seite als berechtigt anerkannt oder gar als „überheblich" abgewiesen wurde, stieß man den „vierten Stand" in die Arme der Sozialdemokratie zurück.

So geriet Bismarcks Kampf mit dieser Partei, die den Hochverrat auf ihre Fahnen schrieb, oft in das Zwielicht der Arbeiterfeindlichkeit, was die jüdischen Drahtzieher der Internationale weidlich auszunutzen verstanden.

Zu den ungeklärten kulturellen und sozialistischen Fragen trat die stete Sorge um die außenpolitische Entwicklung. Auf diesem Gebiet war Bismarck unbestrittener Meister. Trotzdem konnte er die drohende Gefahr einer Zusammenballung aller gegnerischen Kräfte nur so lange verhindern, als er selbst das verwickelte Spiel mit vielen Fäden in der Hand hielt und selbst kontrollierte. Seinen Nachfolgern wurde die Leitung der außenpolitischen Geschäfte außerordentlich dadurch erschwert, daß er niemand Einblick in seine letzten Absichten gewährte. Das entlastet selbstverständlich seine Nachfolger in der Kanzlerschaft keineswegs und entschuldigt ihr Versagen nicht. Es rührt aber an eine entscheidende Seite in Bismarcks Wesen überhaupt, die für die Entwicklung des Reiches von ganz einschneidender Bedeutung war.

Bismarck ging in seiner Staatsschöpfung auf und opferte ihr sein persönliches Leben. Er und der Staat waren für ihn ein und dasselbe. Er herrschte im letzten Jahrzehnt unumschränkt und duldete keinen Widerspruch oder auch nur Einspruch.

Trotz seiner überragenden menschlichen und politischen Größe aber wirkte er nicht typenbildend. Er hatte selten Mitarbeiter von Format, entfernte sie aber sofort, wenn sie in ihrer Arbeit ein eigenes Gesicht zu geben begannen. Bismarck blieb eine einmalige Erscheinung, die hell strahlt im Buche der deutschen Geschichte, aber dennoch unterging wie ein Meteor.

Sein Gegenbeispiel ist Moltke. Persönlich nicht von der dynamischen Glut des leidenschaftlichen Kanzlers, schuf er in stiller, zäher Arbeit das preußisch-deutsche Offizierkorps, das ein geschlossenes Ganzes wurde und den Grundstock bildete für die Wahrung einer einheitlichen Linie im deutschen Soldatentum. Der vierjährige Widerstand der deutschen Front gegen eine Welt von Feinden ist zum guten Teil der planmäßigen Arbeit Moltkes am deutschen Soldaten zuzuschreiben, während ebenso – im großen gesehen – der staatliche Zusammenbruch in erster Linie aus der Einmaligkeit Bismarcks und der fehlenden „Bismarck-Schule" mitbedingt ist.

Der Nationalsozialismus hat aus diesen Erkenntnissen die Folgerungen gezogen und sieht in der Schulung eines Führernachwuchses einen der Grundpfeiler für das Bestehen des Dritten Reiches.

VI.

Der Kampf gegen den Sozialismus

„Die beste Vorschule für einen deutschen Reichskanzler ist ein Kursus im Zirkus bei einem Jongleur: Konservative, Nationalliberale und Zentrum – eins davon muß immer in der Luft sein, aber nur soweit, daß man es wieder fangen kann, und dabei darf man sich die beiden anderen nicht entgleiten lassen." So hat sich Bismarck einmal, sarkastisch wie immer, über die „unwürdige, erniedrigende Rolle eines parlamentarischen Ministers" geäußert – und er hatte recht daran. Die rasch wechselnde Zusammensetzung erlaubte keine stetige Regierungsmehrheit und Bismarck sah sich, wie bereits erwähnt, gezwungen, 1872 bis 1878 mit den Liberalen gegen die Konservativen und von 1878 bis 1887 mit den Konservativen gegen die Liberalen zu regieren. Erst 1887 gelang die Bildung eines Regierungskartells, freilich nicht ohne erhebliche Schwierigkeiten.

Der Frontwechsel trat bereits im Herbst 1878 in Erscheinung. Mit einer konservativ-nationalliberalen Mehrheit wurde das „Gesetz gegen die gemeingefährlichen Bestrebungen der Sozialdemokratie" am 18. Oktober angenommen, also in einem Augenblick, da die Machtstellung sowohl Bismarcks wie des Deutschen Reiches durch den glanzvollen Verlauf des Berliner Kongresses größer war als je bisher. Das europäische Gleichgewicht war durch das ruhige und besonnene Handeln des großen Kanzlers wiederhergestellt worden. Die eben noch drohende Kriegsgefahr war dadurch gebannt worden, daß Bismarck auf dem Kongreß die Vertreter nahezu aller europäischen Staaten nicht nur nach seinem Willen gelenkt, sondern geradezu kommandiert hatte. Die Ehrfurcht vor der Macht seiner Persönlichkeit war geradezu zu einem politischen Faktor geworden, und Deutschlands Ansehen war sowohl im Ausland wie im Inland erheblich gestiegen. Der türkische Vertreter hatte Bismarcks Verhalten sehr treffend gekennzeichnet: „Der Kongreß wurde vollständig vom Fürsten Bismarck beherrscht. Das Vertrauen und die Furcht, die er einflößte, waren allgemein. Seit langem an vollständige Unabhängigkeit gewöhnt, nahm er die geringste Bemerkung für eine Absicht zu widerstehen und beeilte sich jedes Mal, sie mit eisernem Willen zu unterdrücken."

Bei einer solchen Situation konnte der Erfolg des von ihm beabsichtigten Feldzuges gegen die Sozialdemokratie nicht zweifelhaft sein. Handelte es sich doch bei dem jetzigen Gegner nicht, wie beim katholischen Klerus, um eine mächtige Organisation, sondern um ein verhältnismäßig junges und noch unkräftiges Gebilde. Allerdings war sich Bismarck nicht im Zweifel darüber, daß sein Kampf der Zukunft galt, daß also, wie er es einmal ausdrückte, die Sozialdemokratie „der kommende Weltfeind" sei. Mit der Voreingenommenheit des Junkers gegen den „nörgelnden Pöbel" verband er eine ebenso richtige wie tiefe Einsicht in den zukünftigen Lauf der Dinge, indem er das rasche Anwachsen der Arbeiterbewegung als selbstverständliche und unvermeidliche Nebenwirkung der Industrialisierung sah. Er wollte im Grunde nicht das Koalitionsrecht der Arbeitnehmer beschränken, sondern nur die staatsfeindlichen Tendenzen einer überspitzten Demokratie beseitigen, einfach aus dem Grunde, weil sie unvereinbar waren mit der Basis seines auf militärische Geltung aufgebauten Staates.

Wir müssen uns vergegenwärtigen, daß es im Jahre 1878 nur wenig über eine Million Arbeiter im heutigen Sinne gab, also Lohnempfänger in sogenannten „Großbetrieben", worunter man damals Unternehmen mit mehr als 50 Personen Belegschaft verstand. Bis 1882 stieg diese Zahl auf 1,5, bis 1895 auf 3 Millionen. Eine wirkliche Gefahr für den Staat bedeutete also noch nicht die Ziffer der sozialdemokratischen Wählerschaft, sondern vielmehr die weitgespannte Propaganda, die bereits große Kreise der Landbevölkerung und des Mittelstandes in ihren Bann zu ziehen begann.

Wir erwähnten bereits, daß der erste Koalitionsversuch, die Gründung des „Allgemeinen deutschen Arbeitervereins", in dem ereignisreichen Jahr 1863 erfolgt war, und daß Bismarck selbst länger als ein Jahr mit dem Versuch umging, das organisierte Proletariat in den Kampf für die deutsche Einheit einzuspannen. Er hatte dabei sogar das Zugeständnis des allgemeinen, gleichen, direkten und geheimen Wahlrechts gemacht, das er selbst später oft als den „größten Fehler seines Lebens" bezeichnete. Freilich war die Gründung Lassalles noch immer national beeinflußbar gewesen, zumal nach dessen überraschendem Tod in dem Frankfurter Patriziersohn v. Schweitzer ein ebenso besonnener wie vaterländisch gesinnter Mann die Leitung der Bewegung übernommen hatte. Da aber machte die 1864 von den eigentlichen geistigen Führern des bisher noch rein literarischen Sozialismus, Marx und Engels, in London gegründete „Internationale Arbeiterassoziation" allen Möglichkeiten einer nationalen Tendenz innerhalb der Arbeiterklasse ein Ende. Die weitgespannten Ziele dieser später sogenannten Ersten Internationale forderten strikt die Weltrevolution, und da sich in ihr gemäßigte Gewerkschaftler, Pazifisten, Sozialreformer, Philanthropen gleichermaßen mit Kommunisten, Terroristen und Anarchisten zusammenfanden, bestand gar keine Möglichkeit eines weltanschaulichen Ausgleichs mit der seit diesem Zeitpunkt bewußt auf Vernichtung des Militärstaates abzielenden sozialdemokratischen Partei.

Die äußeren Ziele dieser Partei lagen zunächst freilich auf einer sehr gemäßigten Linie und betrafen hauptsächlich den praktischen Arbeiterschutz. Seit dem ersten Gewerkschaftskongreß, 1868, waren von Jahr zu Jahr mehr der dort aufgestellten Forderungen durch die liberale Periode der Regierung Bismarcks verwirklicht worden, ohne daß dadurch die von gewissenlosen Agitatoren verhetzte Arbeiterklasse auch nur im geringsten sich befriedigt fühlte. Vielmehr wurden deren Forderungen von Jahr zu Jahr schärfer, so daß Bismarck, der die weitere Entwicklung völlig richtig sah, von 1876 an jedes weitere Entgegenkommen verweigerte. Bereits 1875 hatte sich die 1869 gegründete sozialdemokratische Partei mit den Resten der Lassallegruppe zur SPD. vereinigt, und von diesem Augenblick an entfiel auch die Möglichkeit der bis dahin von Bismarck beabsichtigten regierungsseitigen Spaltung der Arbeiterbewegung.

Die beiden Attentate auf den Kaiser und die durch sie hervorgerufene allgemeine nationale Entrüstung wurden vom Kanzler zum Anlaß genommen, die sozialdemokratische Parteiorganisation zu zerschlagen. Dabei war, wie sich bald herausstellte, nicht der geringste Zusammenhang zwischen den beiden halbirrsinnigen Verbrechern und der sozialistischen Organisation. Die Gesetze selbst, mit denen Bismarck die Sozialdemokratie zu vernichten hoffte, ließen an Deutlichkeit nichts zu wünschen übrig. „Vereine, welche durch sozialdemokratische, sozialistische oder kommunistische Bestrebungen den Umsturz der bestehenden staatlichen oder gesellschaftlichen Ordnung bezwecken, sind zu verbieten. Dasselbe gilt von Vereinen, in denen solche Bestrebungen zutage treten." In der Praxis bedeutete dies nicht nur die Auflösung aller Nebenorganisationen, sondern auch die schärfste Vernichtung der sozialistischen Presse. 600 Zeitungen und Zeitschriften und 1170 Bücher wurden verboten und eingestampft. 900 Personen wurden ausgewiesen, 1500 in Gefängnisse gesteckt – eine Maßnahme, die sich als halb und unzulänglich erwies, wenn man wirklich die Vernichtung der gesamten Organisation bezweckte. Auch der über die Großstädte verhängte Belagerungszustand hielt nicht, was er versprach.

Denn das einzige Ergebnis der sogenannten „Sozialistengesetze" war eine außerordentliche Festigung des inneren Zusammenhaltes der nur scheinbar aufgelösten

Partei, die in Form harmloser Kegelklubs, Turnvereine und Landpartieorganisationen weiterbestand. „Der äußere Druck schloß jede Spaltung, jede Geltendmachung von Meinungsverschiedenheiten aus und machte eine streng autoritäre Leitung und stramme Disziplin zur unbedingten Notwendigkeit. Er erzog ein stahlhartes, charaktervolles Geschlecht von Führern, die zu jedem persönlichen Opfer für ihre Ideale und Überzeugungen bereit waren und dadurch bald manchem Gegner größte Achtung abgewannen. So wurde die Epoche des Sozialistengesetzes zum Heldenzeitalter der Sozialdemokratie (Herkner)."

Um die Massen für seine Politik zu gewinnen, war Bismarck gleichzeitig emsig bemüht, unter der Arbeiterschaft dadurch Anhänger zu finden, daß er das äußere Wohl des rasch wachsenden Standes auf jede Weise zu fördern suchte. Nach umfangreichen, sich über zwei Jahre hinziehenden Vorbereitungen begann er 1883 mit einer Gesetzgebung zur Förderung des Wohles der Arbeiter auf Grund einer bereits am 19. November 1881 erlassenen kaiserlichen Botschaft. Dem Gesetz über die Krankenversicherung folgte im nächsten Jahre das über die Unfallversicherung, während das den Abschluß bildende Gesetz über die Invaliditäts- und Altersversicherung zwar vorbereitet, aber zunächst nicht erlassen wurde.

Diese soziale Gesetzgebung war ein für die damaligen Zeiten so ungeheures Werk, daß sie nicht ohne Eindruck auf die übrige Welt blieb. Der Gedanke, den mittellosen Werktätigen um jeden Preis gegen alle Zufälle des Lebens — gegen Krankheit, Not, Unfall und sogar gegen die Beschwerden des Alters sicherzustellen und zu versorgen, war noch niemals gefaßt worden und ist in dieser Folgerichtigkeit auch bis heute in keinem anderen Staate der Welt durchgeführt worden. Freilich darf nicht vergessen werden, daß die Voraussetzung, die überhaupt erst eine solche Gesetzgebung ermöglichte, in dem stark ausgeprägten Hang des Deutschtums nach Organisation lag, der hier, gepaart mit wahrem sozialen Verständnis, eine der größten Leistungen des Menschengeschlechts vollbrachte.

Wenn freilich Bismarck gehofft hatte, mit diesem gewaltigen Werk die Unzufriedenheit der Arbeiterklasse beseitigen zu können, so hatte er sich getäuscht. Die Verbitterung über das Sozialistengesetz war derartig, daß sich der von allen sozialistischen Funktionären gepredigte Klassenhaß zu einer völligen Auseinanderreißung des Volkes in Besitzende und Nichtbesitzende führte. Alle ethischen Werte des Deutschtums wurden in diesen Kampf gezogen und vom internationalen Materialismus als bourgeoise fixe Ideen bekämpft. Der Staat, ja die Idee des Volkstums wurde herabgewürdigt und in schärfster Form in den Schmutz gezogen, so daß sich die Regierung immer wieder zu neuen Zwangsmaßnahmen gegen die Unruhestifter genötigt sah.

So wuchs die Spannung von Jahr zu Jahr in dem gleichen Maße, in welchem die Machtmittel des Staates zunahmen. Bismarck hatte bereits 1879 als unmittelbare Frucht der Liquidierung des Kulturkampfes das unerhörte Kunststück fertiggebracht, den Zwiespalt mit Österreich zu überbrücken. Freilich war es nicht mehr das deutsche Österreich von einst, mit dem er ein Schutz-

9*

und Trutzbündnis schloß, sondern jenes buntscheckige, aus den oben dargelegten Gründen zum Untergang bestimmte Gebilde, das als Bundesgenosse stets eine schwere Belastung der deutschen Politik bedeutete. 1882 war Italien dem Bunde, der seitdem „Dreibund“ hieß, beigetreten und 1883 auch Rumänien in einer losen Form durch eine Militärkonvention zu diesem mächtigen mitteleuropäischen Block gezogen worden. Das europäische Gleichgewicht konnte, solange außerdem das Dreikaiserbündnis Rußland vor einer Verbindung mit den Westmächten bewahrte, nicht mehr gestört werden. 1884 und 1887 wurde es auf drei Jahre verlängert, während der Dreibundvertrag, auf je 10 Jahre abgeschlossen, zunächst bis 1892 lief. Gestützt auf diese starken Bündnisse konnte Bismarck zweimal den Krieg sozusagen mit Gewalt im letzten Augenblick abbremsen, das letzte Mal in dem gefährlichen Jahre 1887, in welchem Frankreich und Deutschland schon mobilisiert hatten.

Da starb am 9. März 1888 der alte Kaiser, der über 25 Jahre lang Bismarcks tatsächlicher und moralischer Rückhalt gewesen war. Der Thronerbe, wie wir gesehen haben, ein liberaler Mann, war todkrank. Aber er besaß die menschliche Größe, für die kurzen 99 Tage seiner Regierung dem großen Kanzler nicht ins Handwerk zu pfuschen. Trotz großer menschlicher Nähe waren die prinzipiellen Differenzen zwischen Friedrich III. und Bismarck so belastend, daß dieser voll Ungeduld den sicher vorauszusehenden Tod des Kaisers erwartete, ja sogar den behandelnden Arzt zu sich bestellte, um zu fragen, wie lange er „es“ noch zu ertragen haben werde.

Wenn Bismarcks Sohn Herbert, seit 1885 die rechte Hand des Kanzlers, von der Thronbesteigung Wilhelms II. gemeint hatte: „Demnächst wird unsre Zeit wieder beginnen", – so war dies eine schwere Selbsttäuschung. Trotz der überschwenglichen Liebe und Begeisterung des jungen Monarchen für den Schöpfer des Reiches („Ich ließe mir stückweise ein Glied nach dem andern für Sie abhauen!") waren die sachlichen Gegensätze zu stark. Der junge Kaiser hatte in der sozialen Frage seine eigene, sehr selbständige Meinung. Er wollte um jeden Preis Frieden mit seinem Volke haben und war Manns genug, diesen seinen kaiserlichen Willen um jeden Preis durchzusetzen. Da Bismarck für seine Innenpolitik keine einzige der Reichstagsparteien wirklich überzeugt und unbedingt hinter sich hatte, sah dieser selbst eine Fortsetzung des bisherigen Kurses nur durch „Blut und Eisen" gewährleistet. Hierfür war aber Wilhelm II., dessen gefestigte soziale Anschauungen zu keinem Kompromiß bereit waren, nicht zu haben.

Bekanntlich begann der junge Kaiser seine Regierung mit dem Erlaß des bislang verschleppten Gesetzes über die Alters- und Invaliditätsversicherung. In einem ebenso schwungvollen wie schönen Erlaß sprach er sich zugunsten eines weitgehenden Arbeiterschutzes aus. Damit war der Stein ins Rollen gekommen. Denn eine Fortsetzung der Epoche des Gewaltkampfes gegen den Sozialismus war nach dieser programmatischen Erklärung nicht mehr möglich.

Man hat früher, vor allem in den Zeiten bürgerlichen Ressentiments, im Sturz Bismarcks nur immer einen schweren Fehler des jungen Kaisers erblicken wollen.

Wir sehen die Zusammenhänge anders. Der alternde Riese war – das darf nicht übersehen werden – in seinem Denken und Empfinden hinter der Zeit zurückgeblieben. Eine Verlängerung des Gewaltregimes hätte ein untragbares Spiel mit dem Feuer bedeutet. Hinzu kam, daß Bismarcks Art, das Reich diktatorisch von Friedrichsruh aus zu regieren, für einen jungen, tätigkeitshungrigen Monarchen unerträglich war. Wilhelm II. hatte ganz recht, direkten Vortrag der Minister bei ihm zu verlangen, wenn er nicht zur bloßen Schattenfigur neben dem alten Giganten werden wollte. Auch konnte er sich, im Sinne der großen hohenzollernschen Tradition, jene schroffe Behandlung nicht gefallen lassen, die ihm der Kanzler leider oft zuteil werden ließ. „Daß er mir gestern nicht das Tintenfaß an den Kopf warf, war alles", klagte er zum Beispiel kurz vor der Entlassung des Kanzlers. Freilich waren die Formen, in denen diese erfolgte, wenig würdig und gaben Bismarck Gelegenheit, jenes einzigartige Dokument, sein Entlassungsgesuch, zu verfassen, das mit der überlegenen Kraft guter Gründe die Verantwortung für Deutschlands Zukunft jenem Manne zuschob, der auch wirklich das Reich mehr als 25 Jahre, also genau so lange wie Bismarck selbst, vor Kriegen zu bewahren verstanden hat: Wilhelm II.

VII.

Die imperialistische Ära

Wilhelm II. hat sich einige Male als „Friedenskaiser" bezeichnet, und unter diesem Namen kannte ihn ein Vierteljahrhundert lang die ganze Welt. Während seiner Regierungszeit hat es an außenpolitischen Krisen niemals gefehlt, zumal sein temperamentvolles Wesen ihn immer wieder zu Handlungen führte, die anders wirkten wie sie gemeint waren. Das tief eingefleischte Mißtrauen gegen seine Art der Diplomatie, die sich schon früh völlig aus der Bismarckschen Bevormundung befreite, erschwerte während seiner ganzen Regierungszeit das Verhältnis zwischen Herrscher und Volk.

Wohl über keinen Menschen ist so falsch und ungerecht geurteilt worden wie über den letzten Hohenzollern. Die einen sahen in ihm von Anfang an den Totengräber der Bismarckschen Schöpfung, gemäß der nie verhehlten und oft geäußerten Überzeugung des alten Kanzlers, daß er der „sichere Verderber des Reiches" sei. Die anderen stießen sich, oft mit dem Schein des Rechtes, an seine selbstherrliche und impulsive Regierungsform. Hatte doch selten ein Monarch eine so unglückliche Hand wie er in der Wahl seiner Mitarbeiter. Selbst seine überzeugten Anhänger – und deren Zahl mehrte sich seit der Jahrhundertwende von Jahr zu Jahr! – hatten, der Zeitströmung gemäß, immer nörgelnd an ihm etwas auszusetzen. Und doch hat kein Mann konsequenter wie er die Bismarcksche Schöpfung, ja sogar die Bismarcksche Idee verteidigt.

Auch heute ist es schwer, über die einzelnen Phasen des imperialistischen Regimes gerecht und ohne Voreingenommenheit zu urteilen. Wir stehen noch viel zu direkt unter dem unmittelbaren Eindruck der fürchterlichen Folgen des Zusammenbruchs, als daß wir nicht in der bequemen Manier der Vorkriegsjournaille die Ursachen eben dieses Zusammenbruches in irgendwelchen Fehlern der beiden letzten Jahrzehnte vor dem Weltkriege suchen würden. Dabei haben wir bereits darauf hingewiesen, daß die eigentliche Grundursache, die den Sturz der Bismarckschen Schöpfung unabwendbar zur Folge haben mußte, durchaus nicht in der imperialistischen Politik Wilhelms II. und den dabei gemachten Fehlern, sondern einzig und allein in jenem Grundprinzip der sechziger Jahre gesucht werden muß, das den Gedanken der Macht zum obersten Staatsmaxim machte. Auf diesem einmal beschrittenen Wege gab es schon deswegen keine Umkehr, weil sämtliche Großmächte der Welt in der Zwischenzeit auf den gleichen Weg gezwungen worden waren. Der altrömische Grundsatz „si vis pacem, para bellum" (wer Frieden will, sei zum Krieg gerüstet) beherrschte die Gemüter der Bourgeoisie so sehr, daß das altgermanische Friedensideal des allein durch seine Volkskraft geschützten Staates in diesen Jahrzehnten überhaupt nicht verstanden werden konnte. Der Gedanke der stehenden Heere, die deshalb durchaus keine Volksheere zu sein brauchten, führte zwangsläufig zu jenem fürchterlichen Wettrüsten, das nur Sinn hatte, wenn eines Tages die teuer bezahlten Kanonen auch wirklich schossen. Dieses Wettrüsten machte nicht halt bei der Erreichung jenes Rüstungsstandes, der zur Verteidigung der Heimat unbedingt notwendig gewesen wäre, sondern trug seit der Mitte der achtziger Jahre derart aggressiven Charakter, daß zwangsläufig jede Vermehrung der militärischen Machtmittel des einen Staates von einer Verstärkung der anderen Seite beantwortet werden mußte.

Der eigentliche Grund für dieses bis dahin in der Weltgeschichte noch nie dagewesene Wettrüsten war also ein geistiger – die Überzeugung nämlich, politische Fragen würden allein durch Kanonen, nicht aber durch die wirklichen Bedürfnisse des Volkstums entschieden. So entstand der groteske Glaube, man könne, statt dem Volkstum den von ihm lebensnotwendig gebrauchten eigenen Grund und Boden zu verschaffen, eine Nation dadurch ernähren, daß man sie zur Überproduktion zwinge, um durch gesteigerten Export die fehlende Ausbalancierung der inneren Wirtschaft auszugleichen. Daß dies nur durch eine weitere Überspannung des Gewaltgedankens möglich war, liegt auf der Hand, denn binnen wenigen Jahrzehnten mußte die Aufnahmefähigkeit der überseeischen Märkte erschöpft oder nur noch mit Gewaltmitteln zu erreichen sein.

Es gab zwei Möglichkeiten, diesem tödlichen Wege zu entrinnen. Erstens die Intensivierung der Bodenkultur, die zum mindesten auf längere Zeit hinaus nicht nur der natürlichen Vermehrung der Bevölkerung genügt, sondern auch die Ertragfähigkeit des Bodens gesteigert hätte, oder zweitens Erwerb von Land um jeden Preis. „Die Erwerbung von neuem Grund und Boden zur

Ansiedelung der überlaufenden Volkszahl besitzt unendlich viele Vorzüge, besonders wenn man nicht die Gegenwart, sondern die Zukunft ins Auge faßt. Schon die Möglichkeit der Erhaltung eines gesunden Bauernstandes als Fundament der gesamten Nation kann niemals hoch genug eingeschätzt werden. Dies ist aber auch die einzige Lösung, die eine Nation das tägliche Brot im inneren Kreislauf einer Wirtschaft finden läßt. Industrie und Handel treten von ihrer ungesunden führenden Stellung zurück und gliedern sich in den allgemeinen Rahmen einer nationalen Bedarfs- und Ausgleichswirtschaft ein ... Allerdings eine solche Bodenpolitik kann nicht etwa in Kamerun ihre Erfüllung finden, sondern heute fast ausschließlich nur mehr in Europa. Kolonien können diesem Zweck solange nicht dienen, als sie nicht zur Besiedelung mit Europäern in größtem Maße geeignet erscheinen. Auf friedlichem Wege aber waren solche Kolonialgebiete im 19. Jahrhundert nicht mehr zu erlangen. Wollte man aber in Europa Grund und Boden, dann konnte dies im großen und ganzen nur auf Kosten Rußlands geschehen – dann mußte sich das neue Reich wieder auf der Straße der einstigen Ordensritter in Marsch setzen, um mit dem Schwerte, dem deutschen Pflug die Scholle, der Nation aber das tägliche Brot zu geben. Für eine solche Politik allerdings gab es in Europa nur einen einzigen Bundesgenossen: England. Englands Geneigtheit zu gewinnen, durfte dann aber kein Opfer zu groß sein. Es war auf Kolonien und Seegeltung zu verzichten, der britischen Industrie aber die Konkurrenz zu ersparen. Nur unbedingte klare Einstellung allein konnte zu einem solchen

Ziele führen: Verzicht auf Welthandel und Kolonien, Verzicht auf eine deutsche Kriegsflotte, Konzentration der gesamten Machtmittel des Staates auf das Landheer. Das Ergebnis wäre wohl eine augenblickliche Beschränkung gewesen, allein eine große und mächtige Zukunft (Adolf Hitler)."

Das Zweite Reich ist diesen Weg nicht gegangen. Oder vielmehr: es ist auf halbem Wege zurückgeschreckt. Als der junge Kaiser 1890 die Verlängerung des Rückversicherungsvertrages mit Rußland ablehnte, um für eine englandfreundliche Politik freie Hand zu haben, entfesselte er einen solchen Sturm der Entrüstung, daß ein jahrelanges Lavieren nötig wurde, um das europäische Gleichgewicht ohne Rückendeckung durch Rußland aufrechtzuerhalten. Gewiß war die Aufgabe des Dreikaiserbündnisses unverantwortlich, solange man nicht die sichere Gewähr einer festen Bündnismöglichkeit mit England hatte, und dies zeigte sich auch sogleich, denn bereits 1890 kam es zu einer Verbrüderung zwischen Frankreich und Rußland, die im nächsten Jahre die Form einer geheimen Militärkonvention annahm. Damit war der künftige Krieg zum Zweifrontenkrieg gestempelt, und schon allein aus diesem Grunde hätte von jetzt an die deutsche Außenpolitik mit eiserner Energie auf ein Bündnis mit England hinarbeiten müssen.

Die Gründe, warum dies nicht geschah, lagen außerhalb der Wirkungsmöglichkeit des Kaisers und seiner unfähigen Kanzler. Das deutsche Ansehen in der Welt war schwer belastet durch den Erwerb von Kolonien, in den Bismarck seit 1884 aus schutzzöllnerischen Gründen, wenn auch widerstrebend, gewilligt hatte. Die zunächst auf Betreiben unternehmender Privatleute besetzten afrikanischen Landstriche Togo, Kamerun und Damara-Nama (Deutsch-Südwestafrika) waren keineswegs ausreichend, um die effektiven Bedürfnisse an tropischen Erzeugnissen zu befriedigen. Selbst das 1885 besetzte Tanganjika-Territorium (Deutsch-Ostafrika) und die gleichzeitig erworbenen Teile Neuguineas und des Südseearchipels genügten nicht, um fremden Import auszuschließen. Der Erwerb weiterer Kolonien aber war von der Gnade Englands abhängig, das schon damals schwer verstimmt war. Wenn man also, sei es, um eine aktive Ostpolitik zu betreiben, oder aber, um wenigstens durch wertvollen Kolonialbesitz ein vorläufiges territoriales Reservoir zu erlangen, auf dem einmal beschrittenen Wege weiter wollte, so brauchte man ein Kompensationsobjekt für England.

Der Kaiser wählte hierzu völlig logisch und folgerichtig den Ausbau einer großen Kriegsflotte. Er wußte sehr wohl, daß dies solange keine unmittelbare Gefahr bedeutete, solange deren Stärkeverhältnis zu England für dieses nicht bedrohlich war. Mit seltener Energie und bewundernswerter Zähigkeit setzte er dem widerstrebenden Reichstag gegenüber das Flottengesetz von 1898 durch, wobei ihm allerdings gewisse Ungeschicklichkeiten der englischen Politik sozusagen Handlangerdienste leisteten. Bereits 1900 folgte ein zweites Flottengesetz, das Deutschland binnen zwanzig Jahren durch systematischen Ausbau der Flotte zur zweiten Seemacht der Welt erheben sollte. Gleichzeitig waren so bedeutende Heeresvermehrungen durchgesetzt worden, daß an einen Krieg auf dem Kontinent gegen Deutschland damals überhaupt nicht zu denken war.

Nun aber ereignete sich jene tragische Schickung innerhalb der deutschen Politik, die in Wirklichkeit der erste Schritt des Zusammenbruches war. England war 1898 in so verschärftem Gegensatz zu Rußland gelangt, daß es Deutschland ein Defensivbündnis mit der Bedingung des Verzichtes auf die Flottenpläne anbot. Der Augenblick, in dem dieses Angebot gemacht wurde, war denkbar ungünstig. Mit Mühe war die öffentliche Meinung für den Flottenbau gewonnen worden, und wenn auch die Innenpolitik als glückliche Folge der Liquidierung des Kampfes gegen den Sozialismus seit 1891 so gut wie gar keine Rolle spielte, wäre es ein freventliches Spiel mit dem Volke gewesen, nun zugunsten eines übrigens recht vagen Angebotes die Front zu wechseln. Vielmehr ging man den einzig richtigen Weg und vertagte die Entscheidung, – wie sich bald zeigen sollte, sehr zum Unheil.

Denn bereits im nächsten Jahre brach der Burenkrieg aus, der aus völkischen Gründen die gesamte deutsche Öffentlichkeit derart gegen England verhetzte, daß ein Einschwenken in die einzig richtige Bahn auf Jahre hinaus unmöglich schien. Hinzu kam, daß gerade in diesen Jahren der deutsche Kolonialbesitz durch recht geschickte Schachzüge nicht unerheblich wuchs. Der europäische Krieg gegen China, in welchem die Truppen unter deutschem Oberbefehl fochten, verstärkte außerdem die deutsche Seegeltung derart, daß der Preis, den England für eine feste Allianz zu zahlen haben würde, von Jahr zu Jahr wuchs.

Trotzdem erfolgte im Jahre 1901 das zweite Bündnisangebot Englands, nachdem dieses im Vorjahr gelegentlich der Verständigung über Samoa bereits Beweise seines Entgegenkommens gegeben hatte. Der Mann, der bisher durch dunkle Intriguen immer wieder eine Allianz mit dem Inselreich verhindert hatte, der Geheimrat von Holstein, war zwar inzwischen gestürzt worden, aber der Einfluß des neuen Kanzlers Bülow, dessen Doppelzüngigkeit und charakterlose Unentschiedenheit noch größer war als seine stupide Unkenntnis der wirklichen geschichtlichen Lage, brachte jenen völlig unverständlichen Umschwung der deutschen imperialistischen Politik, der zur Ablehnung des englischen Bündnisangebotes führte.

Es wird wohl ewig ein Rätsel bleiben, welche Gefühle den Kaiser bestimmten, diese seine ganze bisherige Politik brechende Entscheidung zu billigen und mitzumachen. Wenn man die wenigen Seiten seiner eigenen Aufzeichnungen hierüber liest, wenn man insbesondere den merkwürdigen Sprung der Gedankengänge bemerkt, der in seinen Ereignissen und Gestalten von der Ablehnung des englischen Bündnisangebotes nach Tanger (1905) führt, vier schicksalsreiche Jahre mit Schweigen übergehend, so fühlt man mit Erschütterung, daß selbst die Schicksale großer Völker in einer Weise von der Macht des Zufalls abhängen, eben weil ihre verantwortlichen Leiter nur Menschen sind. Die Gründe, die der Kaiser selbst für die Ablehnung des Bündnisangebotes anführt, verraten allzu deutlich eine begreifliche Verlegenheit, die sich scheut, die Wahrheit zu sagen. Liebte er vielleicht wirklich seine stolze Flotte, dies blitzende und schöne Instrument seines kaiserlichen Willens, so sehr, daß er einen menschlich begreiflichen Fehler machte? Oder war der neue Kanzler, wenigstens in diesem bedeutsamen Augenblicke, stärker als er — dieser Mann, der in den nächsten Jahren Deutschland zugrunde richten sollte?

Nach der deutschen Ablehnung verbündete sich England mit Japan. „Man stelle sich vor, daß eine kluge deutsche Außenpolitik die Rolle Japans im Jahre 1904 übernommen hätte, und man kann kaum ermessen, welche Folgen dies für Deutschland gehabt haben würde. Es wäre niemals zu einem Weltkriege gekommen. Das Blut des Jahres 1904 hätte das Zehnfache der Jahre 1914 bis 1918 erspart. Welche Stellung aber würde Deutschland heute in der Welt einnehmen (Adolf Hitler)."

Mit dieser Entscheidung, die den Weg in eine deutsche Zukunft versperrte, war in Wirklichkeit die Epoche des deutschen Imperialismus zu Ende. Nicht nur die Jahre 1914 bis 1918 bedeuteten den Zusammenbruch der Bismarckschen Schöpfung, sondern bereits das ganze Jahrzehnt vor dem Weltkriege — diese nicht mehr abreißende Kette von Trugschlüssen und Fehlern, verbrecherischen Selbsttäuschungen und irrsinnigem Größenwahn.

VIII.

Der Zusammenbruch

Mit dem Zugeständnis der Schwäche fing es an. Denn was bedeutete schließlich, gemessen an der militärischen Überlegenheit der eigenen Machtmittel, das dreimalige schrittweise Zurückweichen Deutschlands in der Marokkoangelegenheit anderes als ein Aufgeben des der Bismarckschen Gründung eigenen Grundprinzips. Rußland war durch den japanischen Krieg und die Revolution von 1905 zum mindesten für einige Jahre völlig kampfunfähig und England hatte trotz der 1900 formell abgeschlossenen und im nächsten Jahre publizierten Entente cordiale zunächst weder ein Interesse noch aber die Machtmittel, sich der Bildung eines großen deutschen Kolonialreichs zu widersetzen. Stand doch der Block des Dreibundes und der ihm angeschlossenen Länder, zu denen durch nicht ungeschickte Beeinflussung bedingterweise auch die Türkei gerechnet werden konnte, fester als je da. Die deutsche Bündnispolitik hätte in diesen Jahren zweifellos große und bleibende Triumphe feiern können. „Ein Bündnis, dessen Ziel nicht die Absicht zu einem Kriege umfaßt, ist sinn- und wertlos (Adolf Hitler)." Diese Einsicht beherrschte wohl auch um 1906 alle Gemüter, aber man war, aus der allgemeinen Stimmung einer Friedenssehnsucht heraus, nicht willens, die letzten Konsequenzen zu ziehen. Vielmehr spielte man voller

Interesse mit der Spannung, die jede Vermeidung eines Krieges im letzten Augenblick mit sich brachte, und glaubte dann auch noch, eine große Tat getan zu haben.

Bezeichnenderweise nahm diese Art, hohe Politik zu treiben, die Form fortgesetzter Friedensproklamationen an. Nachdem Wilhelm II. bereits 1907 durch zweimalige Rücksprache mit dem Zaren hinsichtlich seiner Friedenspläne volle Übereinstimmung mit Rußland erreicht hatte, wurde 1910 bei einem Besuche des russischen Herrschers in Potsdam verabredet, daß weder Rußland noch Deutschland einem Bündnis beitreten sollten, das gegen den anderen Staat gerichtet wäre. Alle Großmächte bemühten sich in diesen Jahren, die gegenseitigen Spannungen durch hinhaltende Verhandlungen zwar nicht zu beseitigen, aber soweit abzuschwächen, daß sich der seit 1905 unvermeidlich gewordene Kriegsausbruch noch einige Jahre hinhalten ließ.

Der Hauptgrund hierfür war, daß nach dem militärischen Zusammenbruch Rußlands im Kriege gegen Japan mit dessen militärischer Wirkung nur gerechnet werden konnte, wenn man ihm Zeit für eine völlige Reorganisation seiner Armee verschaffte. Die Entente cordiale scheute kein Mittel, um diese Spanne zu erreichen, zumal Deutschland blind genug war, sich von Rußland 1911 durch Zugeständnisse in Persien, von Frankreich 1912 durch die Abtretung von Neukamerun als Ausgleich für Marokko hinhalten zu lassen.

Allerdings sollte es noch einmal eine letzte Möglichkeit der Umkehr auf dem Wege zur Vernichtung geben. Ein innenpolitisches Ereignis im gleichen Jahr 1912 brachte das völlig überraschende Angebot Englands, sich jeder deutschfeindlichen Politik enthalten zu wollen, wenn die 1908 begonnene, 1912 durch eine neue Gesetznovelle ausgebaute Flottenpolitik abgestoppt würde. Wie immer reagierte die deutsche Regierung mit halben Maßnahmen. Die auf 50 festgesetzte Sollzahl der deutschen Linienschiffe wurde im letzten Moment auf 41 ermäßigt, die Zahl der großen (20) und kleinen (40) Kreuzer hingegen unverändert belassen, was zwar die deutsche Flotte der englischen nicht ebenbürtig machte, als Kompensation hingegen nicht ausreichte. Denn gleichzeitig war in Österreich das lange verschleppte Wehr- und Flottengesetz nach langen Kämpfen durchgesetzt worden, das dieser Staatsruine noch einmal neues Leben einzuhauchen schien, weil es mit äußerstem Nachdruck und modernsten Mitteln die an sich erheblichen Material- und Menschenreserven der riesigen Donaumonarchie in die Waagschale des Weltgeschehens warf. Fast schien es, als wollte man dort die Fehler der letzten Jahrzehnte wieder gut machen. Seit dem Gewinn Bosniens (1908) war überhaupt ein letzter, verzweifelter Versuch der deutschen Herrenschicht, sich gegen die Überfremdung zu schützen, spürbar gewesen, zumal in Hinblick auf die immer eindeutiger sichtbar werdende Bedrohung durch Rußland, das nach und nach seine Rüstungen beendete.

Die deutsche Aufrüstung hielt mit der der Entente cordiale nicht Schritt. Während das Reichsheer 1899 eine Friedenspräsenzstärke von 495000 Mann gehabt hatte, die bis 1913 auf 675000 und bis 1914 nochmals auf 786000 Mann vermehrt wurde, brachte allein Rußland bis Anfang 1914 infolge großer französischer Anleihen sein stehendes Heer von 800000 auf 1 Million 250000 Mann, während gleichzeitig Frankreich stets die gleiche Stärke der deutschen Friedensarmee unter Waffen hielt. So kam es, daß, als der Schuß eines serbischen Verschwörers auf den österreichischen Thronfolger den längst unvermeidlich gewordenen Weltkrieg auslöste, die noch 5 Jahre vorher unbestreitbare militärische Überlegenheit der Mittelmächte soweit geschwächt war, daß der im genialen Feldzugsplan Schlieffens vorgesehene erste Anlauf mißlang. Mit der verlorenen Schlacht an der Marne war nicht nur der Ausgang des Krieges, sondern auch das Schicksal der Bismarckschen Schöpfung besiegelt.

Welche ungeheure Kraft diesem Staatsgebilde trotz aller Fehler noch innewohnte –, welches Übermaß an Opferwillen und Heldentum das deutsche Volk für eine verlorene Sache noch hinzugeben hatte, das zeigte zum Staunen der Welt jenes vierjährige grandiose Ringen gegen eine fast zehnfache Übermacht, das nie zu vergessen die heilige Pflicht jedes Deutschen ist. Alle Fehler der Innenpolitik verblaßten gegenüber der Einmütigkeit, mit der das ganze Volk, auch die Sozialdemokratie, zur Verteidigung des Reiches auszog. Es hat keinen Zweck, darüber zu klagen, das vielleicht sogar eine richtigere Verwertung der Kräfte einen anderen Ausgang des Krieges möglich gemacht haben könnte. Der Gang der Weltgeschichte ist unausweichlich. Der Staat, der auf Mißbrauch der Macht gegründet war, mußte zugrunde gehen in dem Augenblick, da er diese Macht nicht auf ein ethisch tragbares Ziel, nämlich die

10*

Sicherung ausreichenden Lebensraumes für sein Volkstum, richtete.

„Allerdings war der Verlust des Krieges von einer entsetzlichen Bedeutung für die Zukunft unseres Vaterlandes, allein sein Verlust ist nicht eine Ursache, sondern selber nur wieder eine Folge von Ursachen ... Auch der Gegner bestand nicht aus Feiglingen, auch er wußte zu sterben, seine Zahl war vom ersten Tage an größer als die des deutschen Heeres, und seiner technischen Rüstung standen die Arsenale der ganzen Welt zur Verfügung; mithin kann die Tatsache, daß die deutschen Siege, die vier Jahre lang gegen eine ganze Welt erfochten wurden, bei allem Heldenmute und aller „Organisation" nur der überlegenen Führung zu verdanken waren, nicht aus der Welt geleugnet werden. Die Organisation und Leitung des deutschen Heeres waren das gewaltigste, das die Erde bisher je gesehen (Adolf Hitler)."

So endete in einem grauenvollen Zusammenbruch, der noch über ein Jahrzehnt in seinen Nachwirkungen die Geschichte des deutschen Volkes überschattete, das Zweite Reich, das Deutschland nach Jahrhunderten der Ohnmacht so stark gemacht hatte, daß es in einem Heldenkampfe sondergleichen der ganzen Welt entgegenzutreten wagen konnte. Nichts spiegelt den Ruhm und die ewige Ehre des hohenzollernschen Reiches so deutlich wider, wie die Eingangsworte des Versailler Friedensvertrages, die in ihrer lapidaren Wucht die ganze Größe der Kraft zeigen, die diesem mächtigen Gebäude Bismarcks innewohnte, und die, die stolze Vereinsamung der gefallenen Größe zeigend, also lauten: „Die Vereinigten Staaten von Amerika, das

Britische Reich, Frankreich, Italien und Japan, Belgien, Bolivien, Brasilien, China, Cuba, Ecuador, Griechenland, Guatemala, Haiti, Hedschas, Honduras, Liberia, Nicaragua, Panama, Peru, Polen, Portugal, Rumänien, Südslawien, Siam, Tschechoslowakei und Uruguay einerseits — und Deutschland andererseits."

Kampfgemeinschaften

I.

Altarische Kriegerbünde

„Patriotismus ohne die Wurzel des Glaubens an die Macht höherer Gewalten wird zu eitler Ruhmsucht, überspitzt sich in Bewunderung der eigenen Taten und zerbricht, wenn das Glück sich wendet.“ Dies bedeutsame Wort eines heutigen Dichters kennzeichnet treffend die geistige Situation, in der, wie zu jeder Zeitenwende, auch wir uns befinden. Eine neue Weltanschauung hat nur dann die Kraft, politisch wirksam zu werden und ein Volk umzugestalten, wenn die Keimzelle ihres Gedankengutes aus den Säften der echten Wurzeln des Volkstums und des Einzellebens gespeist wird, die die mythische Verbundenheit mit der Ewigkeit darstellen.

Das nationalsozialistische Weltbild stellt die Selbstbesinnung des deutschen Volkes auf die ihm artgemäßen und eingeborenen Lebenswerte dar, und folgerichtig ruht es daher auf einem Glauben, – dem Glauben an Blut und Boden. Der Mensch und die Erde, – oder, mit anderen Worten: Rassebewußtsein und Naturverbundenheit bilden die Grundpfeiler des nationalsozialistischen Geistesgutes. Hierbei ist als „Rasse“ die Gesamtheit der wertvollen Erbmasse zu verstehen, die wir von den Vätern übernahmen und ungeschmälert an unsere Kinder, die Träger der völkischen Zukunft, weiterzugeben verpflichtet sind.

„Natur" wiederum begreift, sowohl was das Wissen um sie wie ihr Bewußtwerden in uns anbelangt, alle jene Wertungen in sich, die uns als Menschen froher Diesseitsbejahung, verwurzelt im Heimatboden, zu Trägern einer ebenfalls auf Ewigkeit gerichteten Körpergesinnung werden läßt. Hier also, an den entscheidenden Polen unserer Weltanschauung, münden die beiden großen geistigen Ströme, die an dieser Zeitenwende das Dasein der Nation befruchten und tragen, gleichermaßen ins Übersinnliche: in den Glauben an die Ewigkeit des Volkes.

Man kann von unserer Zeit, die Denkfehler von Jahrhunderten richtigzustellen und zunächst einmal die Rückkehr zu einer echten und artgemäßen Wesensprägung zu sichern hat, nicht verlangen, daß sie auf diesem Gebiet subtilster Empfindlichkeit mit überstürzt geprägten Formungen aufwartet.

Notwendigerweise müßten krampfhafte Neuschöpfungen große Gruppen von Volksgenossen vor den Kopf stoßen, nämlich alle diejenigen, die sich nicht so rasch wie die geistigen Träger des Umbruchs von überkommenen, altererbten Vorstellungsreihen auf dem Gebiete des Glaubens zu lösen vermögen. Noch verfehlter wäre es, nun etwa gar das Rad der Zeit zurückdrehen zu wollen, um womöglich längst abgestorbene und aus dem Bewußtsein geschwundene religiöse Formungen unserer germanischen Vorfahren wieder lebendig werden zu lassen. Denn das macht gerade den Sinn der kämpferischen Wesensart des Nationalsozialismus aus, daß er stets und immer auf die Zukunft gerichtet ist und daher niemals das wirklich Tote der Vergangenheit seinem Lebensbereiche einbeziehen kann.

Eben weil wir sehr gut verstehen, daß jede andere Zeit, zumal wenn sie fremden Einflüssen unterlag, zu völlig anderen Folgerungen und Formungen kommen mußte, denken wir nicht daran, irgendeine frühere Gestaltfindung als für uns unbedingt giltig und verbindlich zu erklären. Genau so fällt es uns gar nicht ein, nun etwa unsere Wertungen in die Vergangenheit zurückzuspiegeln, als wären diese an den Maßstäben unseres heutigen kulturellen Erlebens meßbar.

Doppelt wichtig ist es daher, sich darüber klar zu werden, wo und wann immer in unserer völkischen Vergangenheit politische und religiöse Formungen zum Durchbruch kamen oder aber trotz aller Widerstände sich behaupteten, die unverfälscht der Wesensprägung und dem Seelenbild unserer Rasse entsprachen und uns daher eben wegen dieses Gehalts an ewiger Giltigkeit auch heute noch eine Richtschnur sein können.

Wir greifen aus der Vielfältigkeit solcher Formungen, die auf anderen Gebieten bald eine mehr religiöse, bald eine mehr politische Note haben, einen Tatsachenbereich heraus, der uns aus dem Grunde besonders wichtig scheint und besonders naheliegt, weil ihn der neue Staat in mehr als einer Hinsicht zum Grundpfeiler seiner öffentlichen Disziplin gemacht hat: die Kampfgenossenschaften und Kriegerbünde. Solche Einrichtungen hat es nämlich in der nordischen Rasse seit frühester Urzeit gegeben. Wir können sogar, gestützt auf religionswissenschaftliches und durch die Spatenforschung erschlossenes Material, das Entstehen dieser Organisationen und vor allem den Werdegang der ihnen zugrunde liegenden Gesinnung bis in vorgeschichtliche Zeit zurückverfolgen.

Dies ist aus dem Grunde besonders aufschlußreich, weil ja die nordische Rasse zu allen Zeiten eine streng patriarchalische Gesellschaftsform sowohl als Grundlage des staatlichen Aufbaues wie innerhalb der Familie kannte.

Die Kampfgenossenschaften, die als reine Männerbünde mitunter sogar völlig außerhalb des völkischen Organismus standen, oder aber ihm als sozusagen selbständig gewordene Ableger beigeordnet waren, durchbrachen insofern das familien- und staatsrechtliche Grundprinzip, als sie meist für eine gewisse Anzahl von Lebensjahren die Jünglinge und jungen Männer zu einem bestimmten Zweck vereinten.

Dieser Zweck war je nach Zeit und Ort völlig verschieden, je nach den Erfordernissen, die die betreffende Kulturstufe oder die politische Situation in den Vordergrund drängte. Aber allen solchen Kampforganisationen eignete – und das ist das für uns Bedeutsame – eine weltanschauliche Gemeinsamkeit. Stets nämlich erfolgte die Zusammenfindung der Jungmannen unter irgendeinem mythischen Aspekt.

Sei es nun, wie zum Beispiel im heroischen Zeitalter unseres Volkes, das von Allvaters Glanze umstrahlte jenseitige Ziel ewigen Heldentums in Walhall, – sei es, wie im Mittelalter, die christliche Umformung solcher Heldengesinnung, – oder sei es, wie in den neueren Zeiten bis zur Gegenwart, der Gedanke des Opfers des eigenen Lebens im Dienste von Volk und Staat.

Wie sehr diese drei zeitgebundenen Geisteshaltungen auf die gleiche Wurzel zurückgehen, wird uns erst bewußt, wenn wir, jeder einzelnen Denkstufe entsprechend, nach den Untergründen solchen Handelns fragen.

Je nach der soziologischen Struktur stellt sich jedesmal ein größerer oder kleinerer, stets aber auserwählter Kreis außerhalb der menschlichen Gesellschaft, um nach sich selbst gegebenen Gesetzen eine strengere und höhere Lebensnorm zu finden, die dann dem ganzen Volke als Richtschnur dienen soll. Wir werden sehen, daß in den meisten Fällen ganze Kulturepochen von diesen Leistungen befruchtet wurden, ja daß sogar das Gesicht der politischen Welt weitgehend von diesen Ausleseorganisationen bestimmt wurde.

Wenn wir daher erfahren wollen, auf welche Weise die mythischen Urgründe des uns eingeborenen Sittengesetzes auch in uns wirksam sind, müssen wir uns vergegenwärtigen, wie im Laufe der Zeiten die Besten unseres Blutes innerhalb ähnlicher Organisationen sich an die Ewigkeit gebunden fühlten, wenn sie daran gingen, ihrem Volke handelnd zu dienen.

Fast bei allen arischen Völkern ist in irgendeiner Form der kriegerische Kampfbund als uralte Einrichtung belegbar. Einer der besten Kenner unserer Mythologie, O. Höfler, kennzeichnet solche Kampfgemeinschaften, die man ebensogut Kriegerbünde nennen kann, folgendermaßen:

„Es sind in ursprünglichen Verhältnissen die ‚Besten' (oder ‚alle Guten'), die sich hier zu einer Macht zusammenfinden. Das aber bedeutet in altertümlich-kriegerischen Verhältnissen: die Tapferen und Starken. Diese Eigenschaften werden bei der Initiation (Auslese und Aufnahme) geprüft und weiter durch die Gemeinschaft gepflegt. Es liegt tief im Wesen der Männerbünde, daß sie gerade die männlichen Tugenden pflegen, festigen und steigern: Mut, Kameradschaft, Ehrgeiz und harte Zucht."

Was hier im Hinblick auf die germanischen Kampfbünde gesagt ist, gilt in gleicher Weise für die altindischen, persischen und vor allem griechischen Einrichtungen der Frühzeit. Es würde zu weit führen, die zahlreichen Beispiele der aufopfernden Lebenshaltung des einen für den anderen, wie sie uns z. B. die großen indischen und persischen Epen überliefern, hier für unsere Darlegungen heranzuziehen, denn schließlich sind wir den dort zugrunde liegenden Anschauungen um nahezu 3000 Jahre entrückt, so daß man sagen könnte, wir spiegelten unsere eigene Gedankenwelt in diese Dinge hinein, wenn wir sie für uns in Anspruch nehmen würden.

Uns genügt, festzustellen, daß der gleiche Geist, der, wie wir sehen, das germanische Gefolgschaftsleben befruchtete, bereits die Helden des Schah Nameh und des Mahabharata beseelte.

War doch z. B. schon in frühester indischer Urzeit das Kernstück jeder kriegerischen Weltanschauung, die Anschauung von der kämpferischen Ehre, bereits entwickelt. Nehmen wir zum Beweis eine kleine Episode aus dem indischen Nationalepos, den Zweikampf zwischen Karna und Arjuna!

„Lange schon kämpften die Helden, – mit unverminderter, aber immer erneuerter und gesteigerter Kraft und Heftigkeit. Mit seinen sprühenden Flammengeschossen hatte Arjuna alles Gefolge rings um den Gegner weggeräumt. Nun stand dieser allein, wie inmitten einer schaurigen Leichenstatt, – er selbst, Wagen und Waffen, wie vom Lichte übergossen. Seine übermächtigen Geschosse verschlangen gleichsam die des Feindes. Bald hatte dieser, bald jener die Oberhand. Mit Staunen und

Grauen sahen die Krieger beider Schlachtreihen den furchtbaren Kampf und die übermenschliche Kraftanstrengung. Selbst die göttlichen Wesen in den Lüften, so schien es, schauten voll Verwunderung herab und priesen die beiden Helden. ‚Wohl auf, Karna!‘ und ‚Heil, Arjuna!‘ hörte man von allen Seiten. Da jagten die beiden Kämpfer wie mit Sturmeshast ihre Pfeile zu nie gesehen dunklen Schauern zusammen. Jetzt kämpften sie ohne Deckung, mit Todesverachtung, – denn beide waren gewillt, nur ehrlichen Kampfes zu siegen.“

Die ganze altertümliche Kampfszene erreicht also ihren Höhepunkt in dem Augenblick, da, im Angesicht der kämpfenden Heere die beiden Helden des Zweikampfs, auf den Zuruf hin, die Deckung außer acht lassen, um ein Beispiel der Todesverachtung zu geben.

Die ausdrücklich erwähnte selbstverständliche Voraussetzung „ehrlichen“ Kampfes setzt natürlich eine lange Vorentwicklung des kriegerischen Ehrbegriffes voraus, – und gerade das Vorhandensein eines solchen zeigt uns, wie nahe selbst diese ferne Welt uns verwandt ist, weil beide zurückgehen auf die sittlichen Gebote des gleichen Blutes.

Wenn sich auch noch so viel Beispiele aus ähnlichen Situationen, namentlich der persischen Heldenwelt, bringen ließen, die uns mitunter so wesensähnlich anmuten, als wäre von den Helden unseres eigenen heroischen Zeitalters die Rede, so wird doch sogleich ein tiefgreifender Unterschied sichtbar, wenn wir unsern Blick auf Hellas richten.

Hier nämlich ist es nicht nur die blutmäßig gegründete, weltanschauliche Verwandtschaft, die uns ergreift, sondern das griechische Lebensideal wirkt in uns auch noch auf einem anderen Wege weiter, der mit der blutmäßig bedingten Wesensähnlichkeit an sich nichts zu tun hat. Denn dadurch, daß die ganze abendländische Bildung jahrtausendelang auf den geistigen Fundamenten des klassischen Altertums ruhte, spielte selbst in der Zeit, da während des Mittelalters auf dem Wege über das Christentum südrassische Einflüsse das Sittengesetz der nordischen Menschen weitgehend beeinträchtigten, die geistige und politische Gestaltfindung der Antike nachwirkend eine große Rolle.

Denn in Griechenland ist, zugleich mit dem Begriff einer vorurteilslosen Philosophie, bereits in einer sehr frühen Zeit die uralte arische Kampfgenossenschaft auf eine geistige Ebene gehoben worden, wodurch die Idee des Heldentums in der Form geprägt wurde, die für uns heute noch maßgebend ist.

Das soll nun nicht etwa heißen, daß die Griechen der hellenischen Frühzeit, ein uns blutmäßig sehr nahestehendes Volk, für uns weltanschaulich ein Vorbild sein sollen. Das griechische Beispiel lehrt uns vielmehr nur, wie etwa um 800 v. Zw. der Gedanke der arischen Kampfgenossenschaften auch bei unsern Vorfahren ausgesehen haben mag, während die weitere Entwicklung in Süd- und Nordeuropa völlig verschiedene Bahnen einschlug. Denn während in der Heimat der arischen Völker, also in Deutschland, für die lange Dauer von anderthalbtausend Jahren keinerlei Bedrohung von außen eintrat, so daß sich die alten Vorstellungen langsam und stetig weiterentwickeln konnten, sahen sich die Träger des nordischen Blutes in Südeuropa alsbald rings von

Feinden bedroht. Um den Bestand ihres Volkstums zu erhalten und nicht in der Masse der Andersrassigen unterzugehen, sahen sie sich gezwungen, die damals erreichte Entwicklungsstufe gesetzgeberisch als Norm festzulegen. Dies schnitt zwar einerseits eine gesunde und lebendige Weiterentwicklung ab, rettete aber für mehr als ein halbes Jahrtausend die rassische Gesundheit des Griechenvolkes.

Die griechische Hochkultur, diese früheste Blüte der nordischen Schöpferkraft, konnte überhaupt nur entstehen, weil diese weise Gesetzgebung den bereits bedrohten Bestand des nordischen Blutanteils für eine verhältnismäßig lange Zeitspanne gesichert hatte.

Dies ist auch der Grund, warum die griechische Form der altarischen Kampfgenossenschaften für uns von besonderem Interesse ist. Auch bei uns war zwar nicht der Bestand, wohl aber die Führerstellung des nordischen Blutes durch die gleichmachende Emanzipierung der Unterschichten während des letzten Jahrhunderts bedroht. Und daher ist es für uns wichtig, zu erfahren, wie sich früher in einem solchen Falle der gesunde Geist der Rasse der Übermacht erwehrte.

Genau so wie es im Kriege nie auf die bloße Ziffer an Material und Menschen ankommt, sondern auf die charakterlichen Eigenschaften und den Kampfwillen, so bewährt sich auch in Zeiten der Bedrohung eines Volkes die Seelenhaltung gegenüber der feindlichen Übermacht in erster Linie dadurch, daß sie die männlichen Tugenden steigert und auf diese Weise den politischen Wert der Minderheit vervielfacht.

Wir sehen im heroischen Zeitalter der Griechen etwa die gleichen kriegerischen Organisationsformen, wie sie damals, gegen Ende der Bronzezeit, auch im Norden bestanden haben. Ein starkes Gaukönigtum, hervorgegangen aus den Kämpfen der Wanderungszeit und durch diese mit verhältnismäßig großer militärischer Befehlsgewalt ausgestattet, steht über einem zahlenmäßig sehr schwachen Adel, der über erheblichen Grundbesitz verfügt.

Aber beide, König wie Adliger, haben im Rechtsleben keine andere Stellung wie jeder andere freie Mann und Krieger, wenngleich sich in der Praxis das politische Kräfteverhältnis langsam zugunsten der bevorzugten Stände verschiebt.

Dies aber wird zugleich zum Anlaß politischen Widerstandes aller „Freien", die nichts grimmiger hassen als eine „Tyrannis", also die Zwangsherrschaft eines einzelnen. Auf vielgestuftem Wege bereitet sich infolgedessen jene ideale Demokratie vor, die zwar die Königsherrschaft und die diese ablösende Herrschaft des Adels beseitigt, im Grunde aber selbst eine Herrschaft der rassisch Besten ist, da selbstverständlich Vollbürger mit gleichen Rechten nur derjenige sein kann, der dem jeweils herrschenden reinrassigen hellenischen Stamm angehört.

Denn bei Betrachtung der griechischen Kultur darf nie vergessen werden, daß die Bürger der Demokratie eine winzige Minderheit darstellten, die, allein mit politischen Rechten begabt, über mischrassige Unterschichten herrschte, wobei das Zahlenverhältnis zwischen eins zu acht und eins zu zwölf schwankte.

Schon im heroischen Zeitalter bereitete sich diese kennzeichnende Entwicklung vor. Die Kriegerbünde hatten zweifellos schon während der großen arischen Wanderung eine ausschlaggebende Rolle gespielt. Denn wenn wir die frühesten Ablösungsvorgänge im Kernland der nordischen Rasse richtig deuten, so sind, etwa in der Mitte der jüngeren Steinzeit, zunächst durchaus nicht ganze Völker und Stämme in Bewegung gekommen, sondern zunächst nur die überschüssige kriegerische Jugend. Hierbei werden etwa in der Art, wie es bei den italischen Völkern nordischen Stammes noch um 500 v. Zw. als „ver sacrum" (heiliger Frühling) üblich war, zunächst die Jünglinge ausgezogen sein, um in der Nachbarschaft neuen Siedlungsboden zu erkämpfen, um dann, nach siegreichem Erfolg, die Mädchen aus der Heimat nachzuholen und so einen neuen Stamm zu gründen.

Wie lange dieses urtümliche Verfahren sich im Bewußtsein aller nordischen Völker wach erhielt, zeigt das griechische Beispiel am besten. Denn selbst als in fünf aufeinanderfolgenden Wanderungswellen die hellenischen Stämme, aus Deutschland kommend, ihre neue Heimat längst erobert hatten, erhielt sich der Drang, immer neue Sendlinge in die Welt hinauszuschicken, noch über ein halbes Jahrtausend lang. Hierdurch entstanden, als später die einzelnen Stämme infolge Übervölkerung sich gegenseitig bedrängten, die griechischen Kolonien an der kleinasiatischen Küste und zuletzt jene am Schwarzen Meer, in Süditalien (Großgriechenland) sowie vereinzelt an der afrikanischen Küste und am Ligurischen Meer.

Gleich zu Anfang dieser Kolonisationsbewegung zeigte sich der mythische Gehalt in seiner vollen Stärke. Denn jene denkwürdigen historischen Ereignisse, die den griechischen Nationalepen zugrunde liegen, waren samt und sonders Männerbundunternehmungen, die zwar einen Kolonisationszweck verfolgten, in erster Linie aber jener Pflege der männlichen Tugenden dienten, die wir oben als eigentlichen Sinn aller Kampfgenossenschaften festgestellt sahen.

Das älteste derartige Unternehmen war der Argonautenzug, ein zweifellos historisches Ereignis, das wahrscheinlich ins Jahr 1262 v. Zw. fällt, aber von der Sage bis zur Unkenntlichkeit ausgeschmückt worden ist. Denn so, wie die Geschichte des Argonautenzuges uns jetzt geläufig ist, stellte er weiter nichts als eine Art Wettstreit der rivalisierenden Stammesheroen (Theseus, Herakles, Kastor und Pollux) dar, während in Wirklichkeit ein politisches Ziel vorgelegen haben mag.

Beim nächsten derartigen Männerbundunternehmen, dem Zug der Sieben gegen Theben (1230 v. Zw.), handelte es sich weniger um die Zurückführung eines von seinem Bruder entthronten Königs wie um die Durchsetzung der Herrschaft der achaischen Danaer in Mittelgriechenland. Denn für diese muß, wenn wir alle diese Ereignisse zusammenfassend betrachten, der Männerbundgedanke geradezu typisch gewesen sein, wie denn auch das erste große kriegerische Unternehmen der eben erkämpften Vorherrschaft der argivischen Könige von Mykene, der Flottenzug gegen Troja, diese Organisationsform in voller Blüte zeigt. Die Besten aller griechischen Völker, die sich im Jahre 1194 v. Zw. in

Aulis versammelten, um gemeinsam die starke Burg Troja an der kleinasiatischen Küste zu erobern, stellten durchaus nicht Volksheere dar, wie die Aufgebote zur Zeit der hellenischen Wanderung, sondern vielmehr Fürsten mit ihren Gefolgen, die sich zu einer Art kriegerischem Wettstreit vereinigten und durch höchst eigenartige Bündnisverhältnisse untereinander verknüpft waren.

Alle diese Organisationsformen zeigen nun eine verblüffende Ähnlichkeit mit denen späterer germanischer Unternehmungen, vor allem der Wikingzeit. Das Schiff Argo und die Art, wie es befehligt wurde, ähnelte bis in kleinste Einzelheiten einem Großkampfschiff des 10. Jahrhunderts n. Zw., und die Angriffsteilung gegen Theben oder der Kriegsrat von Aulis könnten ebensogut wie alle Einzelheiten des Trojanischen Krieges rund 2000 Jahre später auf nordischem Boden sich abgespielt haben.

Anders wird jedoch die Sache, wenn wir die spätere griechische Entwicklung betrachten. Kaum waren nämlich als letzter hellenischer Stamm die Dorer 1104 v. Zw. erobernd im Peloponnes eingedrungen, als sie unter Führung der Herakliden jenes kriegerische Doppelkönigtum gründeten, das für Jahrhunderte die eigentliche Kraftquelle der spartanischen Erziehungsarbeit werden sollte. Jene Gesetzgebung, deren eigentliches Ziel die Erhaltung der unbedingten Herrschaft und der Rassereinheit der dorischen Herrenschicht war, machte das spartanische Heer zum besten Griechenlands und wurde dadurch einer der wichtigsten Grundpfeiler der hellenischen Freiheit.

Da nämlich die Zahl der die ganze fruchtbare Halbinsel beherrschenden Spartiaten durch die fortgesetzten Kämpfe auf etwa 4000 gesunken war, entschloß sich der Heraklide Lykurgos, der für den einen minderjährigen König die Regentschaft führte, zwecks militärischer Sicherung der dorischen Herrenmacht sämtliche Angehörige des Herrenvolkes in der Hauptstadt zu konzentrieren, um zu allen Zeiten und in jedem Augenblick ein militärisch geschultes, waffentüchtiges Heer schlagfertig dastehen zu haben.

Er verbot daher den Spartiaten, um die Zahl der Krieger auch nicht um einen einzigen Mann zu verringern, jede bäuerliche, gewerbstätige und kaufmännische Tätigkeit. Die Feldarbeit wurde Heloten überlassen, den Nachkommen derjenigen Teile der vordorischen Bevölkerung, die sich bei der Eroberung der Halbinsel nicht freiwillig unterworfen hatten und daher zu Staatssklaven gemacht worden waren.

Handel und Gewerbe werden den Periöken zugeteilt, den Abkömmlingen derjenigen Achaier, die sich kampflos unterworfen hatten oder durch Verträge mit den Spartiaten unter deren Herrschaft gekommen waren. Sowohl Periöken wie Heloten hatten keinerlei politische Rechte und waren waffenlos.

Das Kernstück des spartanischen Staatssystems war indessen jene Schulung zu straffstem Gehorsam und äußerster Einfachheit, die bereits mit der öffentlichen, gemeinsamen Erziehung der Kinder in Internaten vom siebenten Jahre an einsetzte und die männliche Jugend bis zur Erreichung des zwanzigsten Jahres für den künftigen Waffendienst schulte.

Das Wichtigste aber war, daß sowohl die Jünglinge wie die Männer bis zum vollendeten sechzigsten Lebensjahr in Verbänden zusammengefaßt waren, die den Namen „Enomotien“ trugen, was Zeltgenossenschaften bedeutet.

Diese Einrichtung war getroffen, um die drei Einzelstämme, in die die Spartaner von alters her zerfielen, zu einer unauflösbaren Einheit zusammenzuschmelzen. Denn während die politische Ordnung nach wie vor auf der alten Einteilung nach Stämmen beruhte, deren jeder in eine Anzahl durch im Hohen Rat (Gerusia) durch den Ältesten vertretene Sippen zerfiel, durchbrach sozusagen die militärische Organisation das uralte nordische Staatsgefüge, indem die Heeresordnung nicht mehr auf Sippen, sondern eben auf den Zeltgenossenschaften aufgebaut war. Diese, die ungefähr fünfzehn Mann umfaßten, bildeten die unterste taktische Einheit des stets mobilen Heeres.

Die letzterwähnte Tatsache ist für uns von besonderem Interesse, denn sie stellt den in der Welt völlig einzig dastehenden Versuch dar, trotz Erhaltung der nordischen Sippenverfassung das stehende Heer auf dem Männerbundgedanken aufzubauen.

Zweifellos hätte das winzige spartanische Volk seine große weltgeschichtliche Rolle niemals spielen können, wenn nicht die eiserne Disziplin seines Heeres ihm eine in gar keinem Verhältnis zu seiner Größe stehende Kraft gegeben hätte. So sehen wir, daß schon vor über zweieinhalb Jahrtausenden der nordische Geist diejenige Organisationsform schuf, die für uns und unser Volk von ausschlaggebender politischer Bedeutung werden sollte, und deren Werdegang im Laufe der Zeiten wir nun verfolgen werden.

II.

Der germanische Kampfbund

Die Kampfgemeinschaften der Frühzeit entstanden aus dem Willen der nordischen Stämme, ihren Mut und ihre Tapferkeit unter Beweis zu stellen. Meist waren es die jungen Krieger, die auszogen, sich in der Ferne eine neue Heimat oder Ehre und Ruhm zu suchen.

Als das römische Volk sich anschickte, die Herrschaft im Mittelmeer zu erkämpfen, richtete es seine Augen auch gen Osten. Dort war ein großes Kulturerbe anzutreten; denn seit das Reich Alexanders des Großen zerbrach, hatte keiner der vielen rivalisierenden griechischen Kleinstaaten es verstanden, sich zum Mittelpunkt des hellenischen Geistes zu machen. Jetzt freilich horchten alle Völker des Ostens auf.

Das kleine Rom hatte die mächtige Seemacht Karthago bezwungen, und unmittelbar darauf hatte es Makedonien gedemütigt, die Stadtstaaten Griechenlands unter seine Botmäßigkeit gebracht, und die von Hannibal geführte Flotte des Syrerkönigs und zuletzt auch dessen riesiges Heer besiegt. Nun war in allen Ländern des Mittelmeeres keine Macht mehr da, die Rom ebenbürtig war.

Aber im selben Jahre, in dem der entscheidende Sieg bei Magnesia errungen wurde, der Rom die Herrschaft über ganz Asien sicherte (190 v. Zw.), ereignete sich in einem äußersten Winkel der damaligen zivilisierten Welt, in der Griechenstadt Olbia am Schwarzen Meer, ein böses Omen.

Eines Morgens gellten die Wachhörner. Die wenigen Stadtmilizen eilten auf die starke Mauer, die man seit mehreren Jahrzehnten nicht mehr gebraucht hatte. Denn draußen stand der Feind. Und zwar nicht der Feind, mit dem man zu kämpfen gewohnt war und den man daher nicht fürchtete – thrakische Raubscharen, die mitunter einen Handstreich auf die reiche Stadt versuchten; es waren neue Feinde – noch nie gesehene: die ersten Germanen, die mit des Schwertes Spitze an das Tor der südlichen Kulturen pochten.

Binnen wenigen Stunden war der Kampf vorüber, denn gegen diese todesmutigen Männer gab es keinen Widerstand. Doch die kühnen Eroberer verschwanden ebenso rasch, wie sie gekommen waren. Man erfuhr nur, daß sie dem gotischen Stamme der Skiren angehörten, dessen Heimat damals rechts der unteren Weichsel lag.

Die erste Kunde, die schriftliche Quellen von den Germanen uns überlieferte, ist also diese Nachricht von einem Männerbundunternehmen – denn als nichts anderes kann dieser wagehalsige Streifzug quer durch den ganzen Kontinent gedeutet werden. Wohl sorgten sich schon damals verständige Männer, denn solcher Unternehmungsgeist war unschwer als erstes Anzeichen einer großen, künftigen Gefahr zu erkennen. Aber man machte sich zunächst nicht allzuviel Kopfzerbrechen über diese neuen „wahnwitzig kühnen" Krieger, die aus der alten Völkerwiege des Nordens landfahrend in die Weite schweiften.

Kein Römer konnte ahnen, daß einst ein Fürst desselben kleinen Skirenstammes den letzten Kaiser in Rom entthronen und sich die deutsche Königskrone Italiens aufs Haupt setzen sollte.

Noch im selben Jahrhundert lernten die Römer die furchtbare Gewalt germanischer Waffen in sieben vernichtenden Niederlagen kennen. Aber die Kimbern und Teutonen, die diese Siege über die Bezwinger der ganzen südlichen Welt errangen, kamen nicht wie die Bestürmer Olbias als wohlorganisierte und rasch bewegliche Streitmacht. Denn hinter den kämpfenden Heeren schleppte sich der riesige, ungefüge Troß mit der gesamten Fahrhabe beider Stämme. Die Kimbern und Teutonen zogen, aus der Heimat vertrieben, als wandernde Völker nach Süden. Nur die dadurch bedingte Langsamkeit der Bewegung ermöglichte es den Römern, sie schließlich einzeln zu schlagen und zu vernichten.

Aber gleich der nächste Zusammenstoß zwischen dem Weltreich und den Germanen sollte zeigen, wie gefährlich der neue Feind Roms war. Denn jener Schwabenkönig Ariovist, der binnen eines Jahrzehnts mit seinem kleinen, kampfgeübten Heer ein Drittel von Gallien erobert hatte, gebot am Rhein dem größten Römer, Julius Cäsar, so nachdrücklich Halt, daß dieser nicht wagte, dem in der Entscheidungsschlacht geschlagenen germanischen König über den Strom in dessen Heimatland zu folgen.

Dabei waren die Mannen Ariovists eine ausgesprochene Kampfgenossenschaft. Stolz rühmt ihr Führer, Cäsar möge nur kommen, wenn er Lust zum Kampfe verspüre. Dann werde er schon einen Begriff erhalten von der Tapferkeit und Unüberwindlichkeit der Germanen, denn seine Krieger seien außerordentlich waffengeübt und wären seit vierzehn Jahren unter kein Dach gekommen.

Da also ist er wieder, der altarische Kampfbund wie zur Zeit des Trojanischen Krieges – die kühne Heerfahrt in die Weite, um unsterblichen Ruhm zu erringen. Denn alle diese Männer zogen aus ihrer nordischen Heimat rechts der unteren Elbe aus, weil das bequeme Dasein in einem dicht besiedelten friedlichen Staate keinen Raum für Heldentaten bot – und Heldentum war schon damals wie immerdar die Lebensmitte unserer Vorfahren.

Übrigens berichtet Cäsar an einer anderen Stelle und in anderem Zusammenhang sowie vor allem Tacitus noch viel ausführlicher über die germanischen Kampfbünde. Er erzählt nämlich, daß solche Streifzüge, wie der von Olbia, auch zu seiner Zeit noch durchaus üblich waren, nur daß der Römer, vom römischen Standpunkt aus, solche kühnen Unternehmungen „Raubzüge" betitelt. Er fährt fort:

„Diesen haftet nur dann keine Schande an, wenn sie sich außerhalb des germanischen Siedlungsgebietes abspielen – ja, sie werden geradezu als Übungen für die jungen Männer bezeichnet, die dadurch vom Müßiggange abgehalten werden. Wenn in einer Volksversammlung ein Adliger sich zur Führung eines solchen Streifzuges bereit erklärt und Freiwillige aufruft, so erhebt sich, wer mit der Sache und Person des Führers einverstanden ist, stellt sich zur Verfügung und wird dafür von der versammelten Menge gelobt. Nimmt er dann etwa an dem betreffenden Zuge nicht teil, so wird er als Deserteur und Hochverräter behandelt, der fortan ehrlos ist."

Der letztere Zusatz ist für uns besonders wichtig, denn er beweist eine bereits sehr fortgeschrittene Entwicklung des Gefolgschaftswesens, das Cäsar ganz richtig beschreibt. Wir sehen nämlich, wie die Organisation der Kampfbünde bereits so im Volksbewußtsein verwurzelt war, daß Treulosigkeit gegenüber dem selbstgewählten Führer genau so behandelt wurde wie Waffenflucht etwa aus dem Volksheere.

Wenn auch nach wie vor die Landesverteidigung durch das nach Sippen gegliederte Heeresaufgebot aller wehrfähigen Männer betreut wurde, muß also schon zu Cäsars Zeiten jene militärische Einrichtung nicht neu gewesen sein, die während der nächsten vierhundert Jahre die Hauptlast des Kampfes gegen das römische Imperium trug: der als Gefolgschaft gegliederte Kriegerbund.

Das Schrifttum der letzten vier Jahre hat dafür gesorgt, daß unser Volk über das Leben und die Sitten seiner germanischen Vorfahren weit besser unterrichtet ist als in den Jahrzehnten vorher. Aber immer wieder muß betont werden, daß leider auch noch heute eine ganze Menge veraltete Vorstellungen weit verbreitet sind, so z. B. die Anschauung, die germanischen Männer hätten den größten Teil ihres Lebens auf der berühmten Bärenhaut gelegen und sich in erster Linie mit Mettrinken die Zeit vertrieben.

Schon allein die Überlegung, welche übermäßige Beanspruchung der völkischen Lebenskraft die 37 Kriege bedeuteten, die unsere Vorfahren von 12 v. Zw. bis 467 n. Zw. gegen die Römer zu führen hatten, straft solche verleumderischen und stets böswilligen Behauptungen Lügen.

Denn eben weil die germanischen Männer, wenigstens der Grenzstämme, in erster Linie Krieger waren, war es ihnen wohl zu gönnen, wenn sie in den wenigen Jahren ihres Lebens, in denen sie nicht im Felde standen, der wohlverdienten Ruhe pflegten, soweit nicht die tägliche Übung im Waffenhandwerk ihre Zeit in Anspruch nahm.

Natürlich gilt dies nur von jenen Kriegern, die, in den erwähnten Gefolgschaftsverbänden zusammengefaßt, sozusagen Berufssoldaten waren und gleichsam die Friedensorganisation des germanischen Heeres darstellten. Denn diese Gefolgschaften sorgten schon allein durch die Tatsache ihres Bestehens dafür, daß in jedem Stamm oder Volk eine mitunter recht bedeutende Menge hochwertiger Krieger zu jederzeitigem sofortigem Einsatz vorhanden war.

Diese Formationen stellten dann bei einem Volkskrieg die Elite des Heeres dar und fochten häufig auch gesondert, schon weil die regulären Truppenkörper nach Sippen gegliedert waren, während das Gefolgschaftswesen diese urtümliche Gliederung durchbrach.

Wir sahen bereits aus Cäsars Bericht, auf welche Weise diese Gefolgschaften entstanden. Jeder Fürst, aber auch jeder durch besondere Heldentaten berühmte oder sonstwie ausgezeichnete freie Mann versammelte in seiner Halle eine größere oder kleinere Anzahl waffenführender Männer, die sich aus freiem Entschluß ihm unterordneten und sich durch schwere Eide verpflichteten, ihm in allen Dingen, die eines freien Mannes würdig wären, zu gehorchen. Die Aufnahme in das Gefolge erfolgte in feierlicher Weise vor versammelter Gau- oder Landesgemeinde, und von diesem Tage an lebte der „Dienstmann" in der Halle seines Herrn, der zugleich sein Wirt war, und dem daher sowohl die Sorge für den Lebensunterhalt wie für die gesamte Ausrüstung seines Herdgenossen oblag. Eine eigentliche Entlohnung der Gefolgen kannte man nicht, aber es galt als so entehrend und schimpflich, wenn ein König seinen Mannen gegenüber mit Geld und Gaben knauserte, daß dies der einzige Grund war, ihm den Gehorsam aufzukündigen.

Dagegen waren die tatsächlichen und sittlichen Pflichten des Gefolgsmannes gegenüber dem Herrn von beispielloser Großartigkeit. Denn das Gefolgschaftswesen erforderte so rücksichtslosen kämpferischen Einsatz, daß der „Degen" unausweichlich seinem Herrn in den Tod folgen mußte, wenn dieser fiel. Aber auch umgekehrt war der Gefolgsherr zu unbedingtem Einsatz für seine Getreuen verpflichtet, wie das Beispiel Dietrichs von Bern im Nibelungenliede zeigt.

Durch dieses gegenseitige Verhalten erwuchs der Begriff der Treue, diese germanischste Formung auf dem Gebiet sittlicher Normen. Es ging den Gefolgen nichts an, ob sein Herr im Recht oder Unrecht war, und mitunter legte der Treuschwur schwereres auf als ein Menschenherz zu ertragen vermag. Man denke an die ergreifenden Worte Rüdigers im Nibelungenlied, als er von seinem Herrn an die Lehnspflicht gemahnt wird und nun notgedrungen den eigenen Schwiegersohn erschlägt. Oder an die furchtbare Szene am Schluß der Nibelungentragödie, als der widerstrebende Dietrich von Bern die müdgekämpften Helden überwältigen muß, die seine Freunde sind, nur weil das eiserne Gebot der Pflicht es erfordert.

Der Ostgote Jordanis sucht die Heerfolgeverpflichtung eines ganzen Volkes, und zwar seines eigenen, gegen die blutsverwandten Westgoten dadurch verständlich zu machen, daß er schreibt:

„Wenn die Not des Herrn dem Gefolgen den Mord seines nächsten Verwandten befiehlt, so muß er ihn vollbringen."

Freilich hatte diese strenge Ausbildung des Treuebegriffes eine im Laufe der Kämpfe gegen Rom sehr bedeutsame Schattenseite. Denn wenn die jüngeren Söhne der germanischen Grenzstämme keinen einheimischen Fürsten fanden, der sie in seine Dienste nahm, so suchten sie oft in der Ferne ihr Waffenglück und kämpften dann mit der gleichen unwandelbaren Treue und Ergebenheit selbst gegen ihre eigenen Volksgenossen.

Fast alle römischen Kaiser wußten diese Eigenschaft zu schätzen, und wie schon Cäsar seine germanischen Hilfstruppen in entscheidender Stunde an die ausschlaggebenden Stellen schickte, so haben bedauerlicherweise immer wieder in römischen Diensten fechtende Deutsche den Sieg über ihre Stammesbrüder erkämpfen müssen.

Das lebensvollste Spiegelbild der durch das Gefolgschaftswesen geschaffenen Zustände ist die deutsche Heldensage, namentlich der Liederkreis um Dietrich von Bern.

Wir sehen staunend, wie wenig die Jahrhunderte und selbst die Jahrtausende an den Geboten des Blutes und der Ehre ändern – und verstehen endlich, warum wir zu den echten Wurzeln unseres Seins zurückfinden müssen, um der Berufung unseres Blutes treu sein zu können.

III.

Das Wikingtum

Von jeher hat den nordischen Menschen die Weite der Welt gelockt. Sendlinge der alten Völkerwiege in Norddeutschland und Skandinavien waren es, die mit ihrer Kultur auch die heimische Grabform entlang der westlichen Küsten Europas verbreiteten – jene ungeheuren Großsteingräber, die heute und wohl noch in Jahrtausenden vom Ewigkeitswillen jener ersten Sendboten des Nordens künden. Aber diese Bauten verraten noch mehr. Ihre Errichtung setzt den einigen Willen einer größeren Schar voraus, die ihrem Führer ein bleibendes Denkmal errichten wollte.

Wenn wir nun in einer verhältnismäßig frühen Epoche der Steinzeit solche nordische Grabbauten an der spanischen und afrikanischen Küste, ja selbst an den Gestaden des Schwarzen Meeres und des Indischen Ozeans finden – wenn wir den Weg ihrer Verbreitung sogar bis nach Ostasien verfolgen können, so geht daraus hervor, daß einzelne Kampfscharen schon im frühesten Morgenrot der Geschichte auf dem Seewege in die weite Welt gezogen sein müssen. Suchten sie nur Land, weil die übervölkerte Heimat den jungen Kriegern nicht mehr Raum genug zum Bau neuer Wohnstätten bot? Dann hätten sie wohl bequemer in nächster Nähe der alten Heimat ihre neuen Häuser gebaut. Sie suchten Ruhm und Heldentum – damals, vor 5000 Jahren genau wie vor kaum 1000 in jener großen Männerbewegung, die man die „Wikingzeit" nennt, und die, weltgeschichtlich betrachtet, der letzte Ausklang der sogenannten Völkerwanderung ist.

Selbst in den frühesten Zeiten wird sich der äußerliche Hergang solch kühner Kriegsfahrten kaum von der Art und Weise unterschieden haben, wie nordische Seehelden unmittelbar vor der Christianisierung Skandinaviens aus der Heimat auszogen, um in der Ferne Gold und Ehre zu gewinnen.

Gleich zu Anfang sei mit allem Nachdruck betont, daß die Wikingzeit, diese glanzvollste Entfaltung germanischen Eroberungswillens, von unserm Standpunkt aus niemals als eine Epoche grausamer und wüster Mordbrennereien und Plünderungen angesehen werden darf, wie dies die Geschichtsschreibung des vorigen Jahrhunderts, die alten mönchischen Chronisten abschreibend, gedankenlos oder böswillig bis in die Gegenwart hinein getan hat.

Die Mönche hatten allerdings recht, sich über die harten Männer aus dem Norden zu beklagen. Denn die Wikinge waren überzeugte Anhänger des Väterglaubens, und die in ihren Kreisen mit Ehrfurcht und ungeheurem Können gepflegte Dichtkunst brachte gerade in dem letzten Jahrhundert der großen Fahrten dem Odinglauben jene letzte Ausgestaltung, die wir in den Eddaliedern bewundern.

Daher hatten die Wikinge wahrlich Grund, den Vertretern des neuen Glaubens, die, wo sie nur konnten, den heiligen Glauben des Nordens schonungslos verfolgten, mit besonderem Grimm die Grausamkeiten der zwangsweisen Bekehrung zu vergelten.

Für uns bedeutet vielmehr die Wikingzeit eine letzte, fast tragische Vollendung der schicksalhaften Berufung der nordischen Rasse. Die Zeit der großen Wanderungen war vorüber. Alle Sendlingsvölker, die im Laufe der Jahrtausende aus der alten Völkerwiege gen Süden gezogen waren, hatten eine neue Heimat oder aber den Untergang gefunden. Nun war in ganz Europa kein Raum mehr für den Überschuß an Kraft und Blut, den das Kerngebiet der Germanen noch abzugeben hatte. Da stießen diese Männer die Kiele ihrer Langboote ins Meer, genau so, wie es Jahrtausende vorher die allerersten Wanderer in die Weite getan hatten. Haithabu wurde gegründet, die norwegische Königsstadt an der Schlei, die berufen schien, dem großen Franken Karl Einhalt zu gebieten. In Irland, England, und später in der Normandie entstanden kleine Königreiche, die stärker waren als die größten Staaten der damaligen Zeit.

Und es ist kein Zufall, daß aus einem dieser Wikingreiche die größte Weltmacht entstand, die die weiße Rasse schuf. Denn Wilhelm von der Normandie, ein Abkömmling des norwegischen Königsgeschlechts der Ynglinge, das seit etwa Zeitwende alle drei skandinavischen Reiche beherrscht hatte, eroberte England, und seit diesem Tage beseelt das Inselreich jener fernesüchtige, wagemutige Seeheldengeist, der ihm die halbe Welt zu Füßen legte.

Aber auch für uns Deutsche ist diese Epoche von besonderer Bedeutung. Ein anderer Sproß des normannischen Königsgeschlechts gründete in Süditalien und Sizilien jenes Traumreich, das zur Keimzelle der staufischen Weltpolitik werden sollte. Der größte deutsche

Kaiser des Mittelalters, Friedrich II., war weit mehr Nordgermane als Südgermane, was die Betrachtung seiner Ahnentafel verständlich macht. Sein unbeirrbar klarer Blick — seine weit der Zeit vorauseilende Unvoreingenommenheit und seine unversöhnliche Feindschaft gegen die Papstkirche waren Wikingerbteil. Und daß der deutsche Reichsgedanke seit ihm im deutschen Volksbewußtsein etwas fast Mythisches hatte, war die Folge seiner unbeugsamen Größe, die alle Schicksalsschläge mit Härte zu überwinden gewußt hatte.

Die ungeheure Neuerung, die Friedrichs II. in Kampf und Not gestählter Wille in die Geschichte brachte, war der Gedanke der Staatsdisziplin — und dieser Gedanke war, wie wir sehen werden, aus dem Geist des Wikingtums geformt.

Wir sind über die kleinsten Lebensumstände der Wikingzeit besser unterrichtet als über die Einzelheiten mancher nachfolgender Perioden. Das kommt daher, daß die letzte Generation seefahrender Helden, ansässig geworden im letzten Schlupfwinkel urgermanischer Freiheit — in Island, die Geschichte der Väter und ihrer großen Heldentaten selbst aufgezeichnet hat. Die isländischen „Sagas", die durchaus nicht etwa Sagen sind im Sinne unseres Sprachgebrauchs, sondern Prosaerzählungen in einer strengen, ganz den nordischen Geist atmenden Kunstform, bewahren uns das kostbare Erbe jener Kampfgesinnung, die um die Wende des neunten zum zehnten Jahrhundert die Geschicke der Welt bestimmte.

Schon die ersten Vertreter wahrhaften Wikinggeistes, von denen diese schriftlichen Quellen berichten, zeigen mit aller Deutlichkeit, daß hier über das für jede kriegerische Seefahrt als selbstverständlich vorauszusetzende Disziplingefühl hinaus ein neuer Geist am Werk war. Dem nordischen Menschen war von Urzeit her ein starres und unlebendiges Gesetz ein Greuel. Aber jener norwegische Kleinkönig Half, der in den letzten Jahrzehnten des 8. Jahrhunderts seinen Mannen, den berühmten „Halfsrecken", eiserne und mit Blut geschriebene Kriegsgesetze gab, wußte offenbar sehr genau, daß man nur auf diese Weise aus einer kleinen Heldenschar eine fast unüberwindliche Seemacht formen konnte.

Seine Krieger mußten auf Heim und Hof lebenslang verzichten – sie durften nichts zu eigen besitzen, und mußten wie allen Gewinn so auch das letzte Stückchen Brot mit den Kameraden teilen.

Halfs Kampfbund war an sich als germanische Gefolgschaft organisiert, aber die unbedingte Unterordnung jedes einzelnen unter den Willen des Führers ging viel weiter als je bisher, und machte die Unterführer als Stellvertreter des Gefolgsherrn zu Herren über Leben und Tod ihrer Mannen.

Das Grundgesetz der Kampfdisziplin war das strikte Verbot, jemals sich zu ergeben. Es war genau vorgeschrieben, wie ein Mann sich beim Kampf gegen eine Übermacht zu verhalten hatte – daß ein einzelner beim Kampf gegen zwei stehend zu fallen hatte, während er gegen drei langsam Fuß hinter Fuß kämpfend zurückweichen durfte. Niemals durfte er mit dem Schild den Rücken decken, wenn er, was bei zehn- oder sechsfacher Übermacht erlaubt war, „entsprang". Wer seine Waffen verlor, war ehrlos – eine Vorstellung, die allerdings von jeher allen Germanen gemeinsam war.

Halfs Gesetze waren durchaus nichts Neues, sondern nur die genaue Festlegung des Endzustandes einer langen Entwicklung, die schon Jahrhunderte vorher begonnen haben muß. Denn wenn ein späterer Chronist die frühesten derartigen Kriegsgesetze dem Sagenkönig Frodi zuschrieb, so wollte er damit nichts anderes sagen, als daß eine unvorstellbar alte und zudem besonders ehrwürdige Autorität nötig gewesen sein müßte, um den nordischen Menschen eine solche, ihre Lebensgefühle völlig umgestaltende Einrichtung aufzunötigen.

Denn das heiligste Gut des Germanen war seine persönliche Freiheit, die damals so übertrieben aufgefaßt wurde, daß schon der bloße Gedanke einer Unterordnung den nordischen Freibauern als schlimmste Bedrohung ihrer Existenz erschien. Es waren gerade die besten und energischsten Männer Norwegens gewesen, denen aus diesem Grunde schon allein die Tatsache der Einigung des ganzen Landes unter der Herrschaft eines einzigen Königs Anlaß genug war, aus der Heimat zu fliehen und nach Island auszuwandern.

Um so größere soziale Bedeutung mußte die durch das Wikingtum hervorgerufene politische Verlagerung der Kräfte hervorrufen. Denn die großen Kampfgenossenschaften, die von der Mitte des neunten Jahrhunderts an die Geschicke Nordeuropas bestimmten, waren sozusagen stehende Heere, aber Heere ohne Heimat. Ihre schnelle Beweglichkeit auf großen Flotten machte sie nicht nur zu den gefürchtetsten Feinden der damaligen Nationalstaaten, sondern veränderte auch von Grund aus das Bild des völkischen Lebens ihrer Heimatländer.

Wir müssen uns vergegenwärtigen, daß das eigentliche Wikingtum ursprünglich nicht von Norwegen, sondern von Dänemark und Südschweden ausgegangen war. Dort spielten schon im 7. Jahrhundert derartige Kampfgenossenschaften eine große Rolle. Zu ihrer Abwehr wurden jene großen Burgen errichtet, die später zu den wichtigsten Stützpunkten des nationalen Königtums werden sollten, vor allem in Ostschweden und Jütland. Andererseits ertrotzten die Wikingführer schon damals eine völlig unabhängige politische Stellung, und es galt als ganz normal, daß diese „Seekönige", obwohl sie Herren ohne Land waren, die gleichen Rechte beanspruchten wie die legitimen Volkskönige, zumal sie ihnen meistens an Macht überlegen waren.

Von allergrößter Bedeutung war es daher, daß das eine der beiden rivalisierenden nordischen Königsgeschlechter mit Sigurd Ring die Würde des Oberkönigs in Upsala erlangte. Sigurds Sohn war jener berühmte Seeheld Ragnar Lodbrok (Lodenhose), der späteren Jahrhunderten als Vorbild echten Wikingtums galt, und dessen Leben daher die Sage mit eben so reizvollem wie aufschlußreichem Rankenwerk umsponnen hat.

Zwar war er dem Namen nach oberster Herr aller nordischen Länder, aber er verteilte diese an sechs seiner achtzehn Söhne und fuhr sein Leben lang mit den übrigen auf Wikingfahrt. Rußland, die baltischen Küsten und Deutschland, vor allem aber England und Frankreich bekamen seine harte Faust zu spüren, und stolz betrachtete er sich als den „Seekönig aller Meere“.

Sein Heldenende ist typisch für die seelische Grundhaltung der ganzen Zeit. Vom anglischen König Ella wurde Ragnar gelegentlich eines Streifzuges unerkannt gefangengenommen und gemäß der eisernen Sitte der Zeit zum Foltertode bestimmt. Man ritzte ihm den „Blutaar“, eine wahrhaft fürchterliche Art der Mannesprobe, die undenkbar ist ohne den unerschütterlichen Glauben an Walhall. Dem zum Tode Bestimmten sollte, sehr ähnlich wie bei den Indianern Nordamerikas, Gelegenheit gegeben werden, durch äußerste Selbstbeherrschung und Überwindung auch der schrecklichsten Schmerzen ein hohes Beispiel heldischer Gesinnung zu geben, und zwar auch den Feinden, die solche Gegner fast verehrungsvoll behandelten und sogar im Liede feierten.

Ragnar also wurde, nachdem man ihm nach uralter Sitte die Rippen auseinandergeschnitten und ihn auf diese Weise Odin geweiht hatte, in einen Schlangenhof gesetzt, damit die Bisse der Nattern sein Ende beschleunigten. Der todwunde König begehrte eine Harfe, und stimmte nun mit starker Stimme ein Todeslied an, das uns erhalten ist.

In vielen Versen, die er erst jetzt, im Augenblick der schlimmsten Folterqualen, dichtete, feierte er sein Heldenleben dadurch, daß er in letzter Stunde noch einmal die schier endlose Kette seiner Siege an sich vorüberziehen ließ, und endete dann in der großartigen Strophe: „Oh, könnten die jungen Bären (seine Söhne) sehn, wie ihrem Vater hier geschehn, — wie würden sie brüllen und beißen.“

Erst diese Worte ließen die zu Tode erschrockenen Angeln erkennen, wen sie eigentlich hingerichtet hatten. Ein Jahr später rächte Ragnars Sohn Ivar den Tod des Vaters, und eroberte Ellas Reich. Seitdem waren die Ragnarsöhne, die ihre Fahrten bald darauf bis ins Mittelmeer ausdehnten, die Herren des Nordens. Denn die mit ihnen rivalisierenden norwegischen Ynglinge, die Herren von Haithabu, waren ihnen auf die Dauer nicht gewachsen. Zwar kämpften jahrelang die beiden „Großen Flotten" gegeneinander, und verschwendeten auf diese Weise das beste nordische Blut. Zuletzt aber mußten die Norweger auf ihre Außenbesitzungen, und damit auf den Anspruch auf Seegeltung verzichten.

Doch mehrfache Auseinandersetzungen unter den Nachkommen Ragnars zerrissen nicht nur das nordische Großreich, sondern zerstörten zuletzt jeden Zusammenhalt unter den nun vereinzelt kämpfenden vielen kleinen „Seekönigen", so daß schließlich Ragnars Sohn Sigurd Schlangenauge, der dänische Oberkönig, in der Schlacht bei Löwen dem Kaiser Arnulf erlag.

Damit endete die welthistorische Bedeutung des Wikingtums, dessen großes politisches Ziel, die Einigung aller nordischen Länder einschließlich Norddeutschlands, zweifellos gelungen wäre, wenn nicht die Eifersucht der Königssöhne immer wieder den wirksamen und gesammelten Einsatz aller Streitkräfte gegen das Frankenreich verhindert hätte.

Wenn wir überlegen, daß zeitweise nicht nur ganz Friesland und das nördliche Sachsen, sondern auch halb Nordfrankreich einschließlich des mehrfach eroberten Paris zum Wikingerreich gehörten, ist das negative

Endergebnis dieser vergeblichen Ausblutung des Nordens für unser Weltbild besonders bedauerlich.

Die Grundhaltung des Wikingtums gegenüber dem Tode, die wir am Beispiel von Ragnars Ende kennenlernten, ist die eigentümlichste und bezeichnendste Schöpfung des ausgehenden Heidentums. Wir sahen bereits, daß diese Seelenhaltung nur möglich war aus dem Glauben an Odins Berufung, denn die vom Wikingtum ausgebildete Endstufe der nordischen Mythologie sah in allen wegen ihrer Kampftaten in Walhall versammelten Helden Kämpfer für den letzten, glücklosen Krieg der Götter gegen die Übermacht der feindlichen Mächte.

Die sonderbar düstere Untergangsstimmung, die über der ganzen Vorstellung von der Götterdämmerung liegt, mag überhaupt stark beeinflußt sein von den oben geschilderten, sinnlos gewordenen Kämpfen.

Denn allen Einsichtigen mußte sich ganz von selbst die Überzeugung aufdrängen, daß die an Selbstvernichtung grenzenden, unaufhörlichen Bruderkriege der nordischen Völker nur die Folge einer mythischen Bestimmung sein konnten. Einen Ausweg aus dieser Schicksalsverkettung schien es freilich damals nicht zu geben, und so trösteten sich die nutzlos sterbenden Helden mit der Hoffnung, durch äußersten Mut und aufrechte Kampfgesinnung doch vielleicht beim letzten Krieg der Götter das Schicksal wenden zu können.

Wir hatten bereits bei unseren Betrachtungen über den altarischen Kampfbund gesehen, daß die Pflege der männlichen Tugenden, vor allem die des Mutes, der Kameradschaft und der harten Zucht, von jeher die Hauptaufgabe aller solcher Genossenschaften gewesen war. Jetzt kam, wie wir eben bemerkten, eine auf dem Gebot kämpferischer Ehre aufgebaute weltanschaulich-religiöse Neuformung hinzu: die Einstellung, daß das eigene Leben nichts gelte gegenüber dem heldischen Lebensideal.

Den Kampf zu lieben um des Todes willen, der recht eigentlich erst die Erfüllung und die Krone des ganzen kämpferischen Daseins ausmachte, war eine Geisteshaltung, die zu einer völligen Umwertung aller Werte führen mußte. Erst im Tode bewährt sich der Held – ja erst im Tode wird selbst der vorbildlichste Krieger zum Helden im ewigen Sinne, der nun aufsteigt zu Göttern und Ahnen, um dort bei den ewigen Freuden Walhalls den Tag des letzten Kampfes zu erwarten.

Dies bedeutsame: „Nun ist's zu sterben Zeit!", das wir immer und immer wieder, halb jubelnd und halb feierlich, im Munde junger Krieger hören, die ihrer Todesstunde freudig entgegengehen, war wohl die großartigste Vollendung dieses Ewigkeitsbewußtseins. Noch weit bis in christliche Zeit erhielten sich diese fast unausrottbaren Vorstellungsreihen, die Manneswert und Menschengröße in erster Linie nach dem Verhalten in der letzten irdischen Stunde maßen.

Dieser Steigerung des heldischen Willens über Menschenmaß hinaus entsprachen auch die äußeren Ziele des kämpferischen Daseins. Ruhm und Ehre – das war gleichbedeutend mit einer niemals abreißenden Kette höchster Anspannung aller kriegerischen Eigenschaften, bewährt in ununterbrochenen, meist tollkühnen Einzelkämpfen und Kriegsfahrten.

Während die Halfsrecken von Westnorwegen aus die Länder der Nordmeere lediglich durch ihren Wagemut mehr in Schrecken hielten als beherrschten, wurde, wie wir bereits sahen, schon unmittelbar darauf das Wikingtum politisch, und griff handelnd in die Geschichte ein.

Hierbei darf nicht vergessen werden, daß nicht nur in dieser ersten Zeit, sondern fast bis zum Erlöschen der großen Seezüge die Wikinge nicht für ihre Heimat kämpften, sondern einzig und allein für die jeweilige Kampfgenossenschaft, der sie angehörten. Allerdings waren gerade die größten derartigen Organisationen, wie z. B. die beiden „Großen Flotten“, dadurch mit den politischen Zielen bestimmter Länder verknüpft, daß die Gefolgschaftsherren zugleich Volkskönige dieser Länder waren.

Es wäre aber völlig falsch, nun etwa diese Flotten als Kriegsmarine der betreffenden Staaten und ihre Besatzung als deren Aufgebot anzusehen.

Wohl kämpfte stets eine große Anzahl Männer auf den Kriegsschiffen mit, die nach dem Sommer in die Heimat zurückkehrten, um wieder für Haus und Hof zu sorgen. Aber der Grundstock des eigentlichen Wikingtums waren jene gefolgschaftsmäßig aufgebauten Schiffsgenossenschaften, die gemeinsam ein „Langboot“, einen „Drachen“ oder „Wogenhengst“ besaßen und sich mit diesem einem der Seekönige unterordneten, die oft jahre-, ja jahrzehntelang in der Fremde umherschweiften. Gerade die größten und bedeutsamsten Erscheinungen der Wikingzeit, Hasting und Asgeir sowie Palna-Toki, kehrten ebenso wie ihre Mannen nie wieder in die alte Heimat zurück. Sie gründeten vielmehr eigene Burgen, ja sogar Staaten mitten im Feindesland.

Aber nur Tokis Gründung, die berühmte Jomsburg an der Odermündung (Wollin), überdauerte trotz schwerer Kämpfe mehrere Generationen, und spielte wegen ihrer weitreichenden Seemacht eine ausschlaggebende Rolle in der Geschichte der nordischen Länder.

Man wird nicht fehlgehen, wenn man diese größere Dauerhaftigkeit auf die besondere Strenge der Jomsburg-Gesetze zurückführt, die z. B. sogar vorschrieben, daß kein weibliches Wesen den eigentlichen Bezirk der Burg auch nur betreten durfte.

Die Wikinggründungen wurden, als die Zeit der Nationalstaaten angebrochen war, der Reihe nach von diesen beseitigt. Am erbittertsten wehrte sich die Jomsburg, während die weit größeren derartigen Siedlungen in der Normandie dadurch ihren Bestand retteten, daß ihr Führer, der Yngling Rolf, sich das ganze eroberte Land vom Landesfürsten zu Lehen geben ließ, wodurch er zum Herzog der Normandie wurde.

In England und Schottland erhielten sich einige Wikingreiche bis zur Eroberung des Landes durch die Dänen, und schließlich war deren Herrschaft über das Inselreich bis zu einem gewissen Grade auch ein allerletztes Wikingunternehmen ganz großen Stils.

War doch Knut der Große, der diese Eroberung vollendete, selbst ein Abkömmling dieses Ragnar Lodbrok, mit dem die Geschichte der großen Seezüge anhebt. In

Irland konnten sich übrigens die „Seekönige" bis ins dreizehnte Jahrhundert halten, und auf einigen kleinen Inseln sogar fast bis in die Neuzeit.

Die Geschichte des Wikingtums ist eine Kette außerordentlicher Leistungen. Kaum eine andere Zeit hat eine solche Zahl Proben äußerster Unerschrockenheit, vorbildlichster Kameradschaft bis in den Tod, und kämpferischer Gesinnung aufzuweisen. Um so erstaunlicher ist für uns Heutige das völlige Fehlen eines großen politischen Zieles, wenigstens im letzten Teil dieser Epoche. Doch dürfen wir nicht vergessen, daß für die damaligen Menschen dieses Ziel eben nicht im Diesseitigen lag. Sie kämpften, wenn sie für ihr heldisches Lebensideal freudig den Tod suchten und fanden, nicht für eines Volkes Raum oder Besitz, sondern für das heiligste Gut – die Ewigkeit, der im Jenseits dienen zu können das mythische Ziel jedes einzelnen wie der Gesamtheit war.

Folgerichtig mußte daher das gesamte Wikingtum ohne Nachfolge erlöschen, als die christliche Kirche ihren Gewaltsieg in den nordischen Landen erkämpft hatte. Und ebenso folgerichtig lehnte es ein letzter solcher Kämpfer ab, sein Leben durch die Taufe zu retten, als der Bekehrer Norwegens, König Olaf, ihm dies anbot: „Ich will nicht in deinen Himmel, wo nicht gekämpft wird. Das ist nichts für Männer."

IV.

Das Rittertum

Die Christianisierung der nordischen Länder konnte wohl die äußere Form und den geistigen Gehalt der nordischen Kampfgenossenschaften von Grund aus ändern, – nicht aber ihren ureigentlichen Sinn, die Pflege männlicher Tugenden im streng geschlossenen Männerkreis.

Noch waren kaum zwei Jahrhunderte seit der Bekehrung der Sachsen zur „milden Lehre" vergangen, – kaum eines aber seit der greuelreichen Ausmordung des Väterglaubens in Skandinavien, da regte sich die alte, nie ganz erstorbene Sehnsucht nach Ferne und Abenteuer in einer neuen Form. Die heimischen Kriege, damals vorwiegend Fehden kleiner und kleinster Landesherren, konnten das Bedürfnis nach wirklichem Heldentum nicht befriedigen, und so begann, während im Norden noch einzelne Abenteurer auf den Spuren der Wikinge schweiften, im nordisch bestimmten Mitteleuropa jene eigentümliche Zeit landfahrenden Rittertums, die die Epoche der Kreuzzüge einleitete.

Das Rittertum jener Zeit war noch nicht ein Stand im Sinne der späteren Entwicklung. In allen von einer germanischen Herrenschicht beherrschten Ländern, also gleichermaßen in Deutschland, England, Frankreich, Spanien und Italien, war die Zahl der ursprünglichen Gemeinfreien durch die unausgesetzten Kämpfe der letzten Jahrhunderte außerordentlich zurückgegangen.

In den germanischen Südlanden wurde die Notwendigkeit einer rassischen und sozialen Umschichtung zuerst spürbar. Alle reinblütigen Nachkommen der Franken, Westgoten und Langobarden sonderten sich als allein oder doch vorwiegend waffentragende Schicht von der andersrassigen überherrschten Bevölkerung als „Ritter", also als neuer Geburtsadel, ab.

In England waren es die Nachkommen der erobernden Normannen, die soziale Vorrechte beanspruchten, wenn sie auch den alten Volksadel der Angelsachsen als mehr oder minder ebenbürtig anerkannten. In Deutschland hingegen lagen die Verhältnisse am verwickeltsten. Vom alten Volksadel waren nur noch wenige Geschlechter übrig. Bei denjenigen Stämmen, die von den Franken zwangsweise unterworfen worden waren, gab es neben diesen Resten noch einen neuen, aus fränkischem Beamtentum erwachsenen Geburtsadel. Und bei den übrigen, besonders bei den Franken selbst, stieg nunmehr aus der dort größeren Zahl der Gemeinfreien ein neuer, durch Besitz oder Amt ausgezeichneter Herrenstand empor, der zufolge größerer Leistungen im Kriegsdienst erhöhte Rechte für sich in Anspruch nehmen konnte.

Diese Umschichtung war bei allen obenerwähnten Völkern nahezu gleichzeitig abgeschlossen gewesen. Gleichzeitig drängte die neue Kriegerschicht auch überall nach intensiver Betätigung ihrer Waffenrechte, und suchte diese, wenn sie sie in der Heimat nicht fand, anderswo, vor allem an den Höfen berühmter Fürsten. Das lebendige, wenn auch durch Vorstellungen aus der Zeit der Kreuzzüge stark beeinträchtigte Bild dieser abenteuerlichen Zeit zeigen diejenigen Heldensagen, die das landfahrende Rittertum verherrlichen, vor allem also der Sagenkreis um Dietrich von Bern und um den weitberühmten König Artus (der allerdings kein Germane war).

Wir dürfen aber nicht vergessen, daß damals gerade zwischen den Herrenschichten aller europäischen Länder keine trennende Schranke nationalen Bewußtseins stehen konnte, denn eine solche Vorstellung konnte noch gar nicht gedacht werden. Waren doch die Ritter Spaniens, Italiens und Frankreichs genau so reinblütige Germanen wie die Engländer, Deutschen und Skandinavier. Der Begriff des Volkes aber, oder gar der Nation im heutigen Sinne konnte noch nicht existieren, und wenn man überhaupt „Deutschland" oder „Frankreich" als etwas spezifisch Andersartiges hätte bezeichnen wollen, so hätte man damals zuerst an dynastische Verschiedenheiten und erst in zweiter Linie an Sprache und Volkstum gedacht. Das Rittertum war also im Gegensatz zum echten Volksadel zwar nicht international im heutigen Sinne, aber in einer höchst eigentümlichen Weise übernational, und zwar aus dem Grunde, weil es überall germanisch war, und auch so dachte und fühlte.

Diese Grundzüge der sozialen Umschichtung müssen wir uns vor Augen halten, wenn wir die Lebensgefühle und Ideale des Rittertums richtig verstehen wollen. Es war germanischer Geist und germanische Kampfgesinnung, die jetzt ungestüm zum Durchbruch kamen, und zwar ohne die erst entstehenden und innerlich noch gar nicht gefestigten einzelnen Nationalstaaten zu sprengen. Hätte das Rittertum nicht diese bedeutungsvolle Ablenkung des Kampfgeistes auf ein fernes Ziel gehabt, so hätte unweigerlich dieselbe Fehdelust, die einige Jahrhunderte später alle Länder und Völker Europas an den Rand des Abgrundes brachte, das kaum begonnene Werk der Konsolidierung der Volksstaaten vernichtet.

Dieses äußere, ferne Ziel wurde sonderbarerweise nicht von den Fürsten, sondern von der Kirche an die Ritterschaft herangetragen. Allerdings war es zunächst nicht die Kirchenführung selbst, die sich an dem Gedanken begeisterte, den Krieg gegen die „Ungläubigen" um das „Heilige Grab" aufzunehmen. Vielmehr ging die ganze Kreuzzugsbewegung von einem verhältnismäßig kleinen Kreis echter Fanatiker aus, die aus rein religiösen Motiven für die Idee des Kampfes gegen den immer bedrohlicher werdenden Islam schwärmten.

Das Papsttum allerdings sah diese Dinge von Anfang an als ein sehr bequemes Mittel an, die lästigen Streitereien des Adels nach außen abzulenken, und außerdem dem gerade damals beginnenden Kampf um die politische Vorherrschaft eine bezeichnende Wendung zu geben. Denn wenn die größten Fürsten Europas gleichsam im Auftrag der Kirche und als Vollstrecker des päpstlichen Willens ins Morgenland zogen, war zum mindesten in den Augen der großen Masse der päpstliche Anspruch auf Herrschaft über die Könige dieser Welt ein gutes Stück vorwärts getragen.

Uns interessiert hier durchaus nicht etwa die Geschichte der Kreuzzüge oder des Rittertums, sondern lediglich jene bezeichnenden Formen der Kampfgenossenschaft, die sich überall an den Kampffronten gegen den Islam sofort herausbildeten: die Ritterorden.

In Spanien, wo seit dem Eindringen der Araber im Jahre 711 der Kampf niemals abgerissen war, gab es derartige Einrichtungen schon geraume Zeit vor den eigentlichen Kreuzzügen, und zwar schon zu Beginn jener Periode der sozialen Umschichtungen, die wir oben betrachtet haben. Der Grund für diese an sich befremdliche Erscheinung ist höchst einfach und äußerlich: Die christlichen Streiter gegen die „Ungläubigen" lernten bei ihren Gegnern, den Arabern, derartige Organisationen und ihren Kampfwert kennen, und beeilten sich, gleichwertige Gegeneinrichtungen zu schaffen.

Der unvergleichliche Eroberungszug des Islams, der diesem innerhalb weniger Menschenalter alle Länder südlich des Mittelmeers zu Füßen legte, war getragen gewesen von arabischen Reiterheeren. Diese todesmutigen Krieger, denen ebenfalls von ihrer Religion der Kampf gegen die „Ungläubigen", diesmal also gegen die Christen, vorgeschrieben war, verblieben in verhältnismäßig großer Zahl in den eroberten Ländern, schon allein aus Gründen der militärischen Sicherung. Bereits zu Anfang des neunten Jahrhunderts bildeten sich, um die dauernde Behauptung des riesigen islamischen Gebiets zu ermöglichen, höchst eigentümliche, halbreligiöse Orden heraus, die in ihrer Organisation das Vorbild der späteren christlichen Ritterorden werden sollten. Es geht über den Rahmen dieser Betrachtung hinaus, den höchst interessanten Werdegang dieser islamischen Männerbünde bis in die Neuzeit zu verfolgen. Erwähnt sei lediglich, daß drei derartige Orden jahrhundertelang eine gewichtige politische Rolle spielten, und zwar die Assassinen in der Zeit der Kreuzzüge, die Mamlucken in Ägypten bis zu ihrer Besiegung durch Napoleon, und die Janitscharen im Türkenreich, die bis zur letzten Jahrhundertwende dort das Heft in Händen hielten.

Der Grundgedanke all dieser islamischen Kampfbünde war die innige Verbindung von echter Religiosität und Kriegertum. Dadurch, daß der Kampf gegen Glaubensfeinde als ein verdienstliches Werk angesehen wurde, ergab sich die Möglichkeit, das Mönchgelübde mit den Kriegerpflichten in Einklang zu bringen.

An Stelle der Versenkung in Probleme der Religion, wie sie vor allem der Orden der Derwische pflegte, trat eine strenge militärische Disziplinierung, während das System der Ergänzung des Ordens aus freiwilligen Novizen zunächst übernommen wurde. Erst später bildete sich insbesondere bei den Janitscharen ein anderes Rekrutierungssystem heraus, das insofern besonders merkwürdig war, weil es Christenknaben bevorzugte.

Diese äußeren Organisationsformen wurden von den drei spanischen Ritterorden und den ebenfalls drei infolge und während der Kreuzzüge in Palästina entstehenden mit nur geringen Abwandlungen übernommen. Eine unbedingte Befehlsgewalt der Ordensoberen machte die rasch wachsenden Orden sehr bald zu einem bedeutenden politischen Faktor. Die innere Gliederung unterschied Ritter, die dem Orden lebenslang, natürlich nach Ableistung der drei Mönchsgelübde, mit dem Schwerte dienten, und dienende Brüder. Bekanntlich bestehen, außer den spanischen, nur noch zwei dieser Orden, die

Johanniter und die Deutschherren, während der dritte, der der Templer, zu Anfang des 14. Jahrhunderts wegen staatsgefährlicher Umtriebe in Frankreich aufgelöst wurde.

Es wäre nun aber falsch, das gesamte Rittertum nur unter dem Gesichtspunkt der eigentlichen Ritterorden zu betrachten. Denn ähnliche Kampfbünde entstanden und vergingen in schneller Folge überall dort, wo das europäische Rittertum in gemeinsamem Kampf gegen äußere Feinde stand.

Diejenige Grundstimmung, die während der Kreuzzüge die Orden entstehen ließ, teilte sich in so hohem Maße der gesamten Ritterschaft mit, daß sie von nun an die gesamte Seelenhaltung des Adels bestimmte.

Außerdem darf nicht übersehen werden, daß die Kreuzzüge selbst ja auch Männerbundunternehmungen ganz großen Stils waren. Denn wenn sie auch unter der Führung der jeweiligen Landesherren standen, waren diese Ritterheere ja von Anfang an in einer ganz anderen Weise organisiert als etwa die Volksaufgabe der betreffenden Länder. Die entscheidende Kennzeichnung war zunächst das Prinzip der freiwilligen Teilnahme, wobei übrigens die einzelnen Ritter nach Ableistung des Kreuzzugsgelübdes in genau der gleichen Weise sich unter Kriegsrecht stellten, wie wir es bei unserer Betrachtung über das Gefolgschaftswesen kennengelernt haben.

Noch eine andere Wesensbestimmung des Rittertums entstand aus der Berührung mit dem Islam: Wir dürfen nämlich, wenn wir an die Gegenspieler der Kreuzzüge denken, uns unter den Kämpfern für den Glauben Mohammeds durchaus nicht etwa wilde oder unkultivierte Heiden vorstellen, wie eine veraltete Schulbuchliteratur dies mitunter getan hat. Vielmehr waren die vornehmen islamischen Ritter arabischen, persischen und ägyptischen Geblüts die gebildetsten Leute ihrer Zeit. Im Reiche der Kalifen wurden insbesondere die Geisteswissenschaften auf Grundlage der hellenistischen Tradition in einer Weise gepflegt, die gegenüber der damaligen europäischen Beschäftigung mit diesen Stoffgebieten geradezu modern anmutet. Mathematik, Astronomie und vor allem Medizin wurden aufs intensivste betrieben, und auf allen Gebieten der Dichtung leistete gerade die damalige Zeit Hervorragendes.

Ein neuer Strom geistiger Tätigkeit ging daher von der Berührung mit diesem hochkultivierten, dem Abendland in vielerlei Beziehung weit überlegenen Orient aus. Aber nicht genug damit. Der Islam hatte von jeher eine verfeinerte Gesellschaftskultur gepflegt. Seine vorbildliche Gastlichkeit, seine Hochschätzung edler Sitten und nicht zuletzt die tadellosen Manieren der Beherrscher eines Gebiets, das größer war als Europa, gefiel nicht nur den nordischen Kämpfern, sondern wurde von ihnen sogleich mit Begeisterung übernommen.

Genau so wie das weltgewandte Arabertum den Begriff und die Erscheinungsformen der Diplomatie ersonnen hatte, wurde es jetzt zum Vorbild einer allgemeinen, aber auch gemeingiltigen Verfeinerung und Festlegung der Sitten.

Ja selbst das, was wir heute unter dem Begriff der Ritterlichkeit verstehen, entstand sozusagen unter dem Druck des Orients. Die Kreuzritter, die oft jahrzehntelang ohne Unterstützung durch die Heimat einen erbitterten Kampf gegen vielfache Übermacht auszufechten hatten, lernten sehr bald die edle Geste des Feindes schätzen, der sich an Wehrlosen nicht vergreift.

Auch auf allen übrigen Gebieten des sozialen Verhaltens erfolgte nunmehr rasch eine grundlegende Umbildung der Anschauungen und Gebräuche. Wir können das, was man noch heute unter „ritterlich“ versteht, als allgemein bekannt voraussetzen, – der beste Beweis dafür, wie grundlegend diese Umformung des Denkens, die ganze Jahrhunderte bestimmte, war.

Praktisch und politisch war allerdings zunächst die Auswirkung dieser Vorgänge höchst nachteilig. Die Ritter begannen sich als Stand zu fühlen, und damit war der Grund gelegt zu jener verderblichen Absonderung vom Volksganzen, die zwangsläufig zu den fürchterlichen Kämpfen der Raubritterzeit und zur Unterdrückung des Bauernstandes führen mußte, beides, um die durch die erhöhten Ansprüche gesteigerten Kosten der Lebenshaltung aufbringen zu können.

Zwar sind wir weit davon entfernt, das törichte Vorurteil des liberalistischen Jahrhunderts über den Adel und das Rittertum zu teilen, weil wir wissen, daß unser Volk diesem seinem besten Blut seine historische Größe dankt. Aber wir verkennen auch nicht, daß gerade in den erwähnten bedauerlichen Folgeerscheinungen einer volksfremden Einstellung ein großer Teil unseres Adels seine wirkliche Berufung einbüßte und nicht mehr das war, was er allzeit zu sein hat: Führer des bodenständigen Bauerntums und Führer im Kriege.

Nur an einer einzigen Stelle vollbrachte das Rittertum, und zwar in seiner konsequentesten Form als Kampfbund, seine historische Mission in ihrer vollen Größe. Dem aus Palästina durch islamische Gegenwirkung endgiltig vertriebenen Deutschen Orden erwuchs die bedeutsame Mission, fortan den Kampf gegen Ungläubige im östlichen Deutschland zu führen. Ihm wurde das Land der heidnischen Preußen, eines baltischen Stammes, als Arbeits- und Missionsgebiet zugewiesen, um die kurze Zeit vorher durch Heinrich den Löwen begonnene Eindeutschung der ostelbischen Lande von der Oder nunmehr bis über die Weichsel und Memel vorzutragen.

Hier erneuerte sich in höchst eigenartiger Weise der Gedanke des reinen Männerstaates, den wir zur Zeit der Wikinge hatten entstehen, aber infolge der Christianisierung sogleich wieder vergehen sehen.

Nach dem kurzen, aber blutigen Werk der Unterwerfung Preußens wurden die Ritter, die in festen Burgen über das ganze Land verteilt waren, zugleich zu Administratoren und Kultivierern dieses seitdem rein deutschen Gebiets. Der Orden erwies sich, trotz mancher Schwierigkeiten, als ein sehr geeignetes Werkzeug zur Erreichung eines solchen politischen Ziels.

Er hat es nicht nur fertiggebracht, das weite Land, das ihm als reichsunmittelbarer Besitz gehörte, zu einem der fruchtbarsten und wertvollsten ganz Deutschlands zu machen, sondern er hat die Grenzen deutscher Gesittung und deutschen Volkstums bis an den Peipussee nahe bei Petersburg vorgeschoben, — eine historische Leistung, die in der Geschichte ohne Parallele ist.

Daß er außerdem die Reichsgrenze gerade in den Jahrhunderten größter deutscher Zerrissenheit mit Erfolg verteidigen konnte, dankte er seiner strengen militärischen Organisation, die selbst späteren Zeiten ein Vorbild sein konnte. Daß er schließlich in diesem Kampfe dennoch erlag, war nur zum kleinsten Teile seine eigene Schuld, sondern ist auf Rechnung jener verfehlten Reichspolitik zu setzen, die die wichtigsten völkischen Interessen hinter dynastische Rücksichten stellte.

Eines aber hat das unvergleichliche Werk der Deutschherren unserem Volke für alle Dauer hinterlassen: die neue Staatsgesinnung, die einer erlesenen Kriegerkaste den Kampf für das Wohl des ganzen Volkes zur Pflicht machte.

Es ist kein Zufall, daß das spätere Preußen aus dem alten Ordensland Preußen erwuchs, das also sozusagen die Keimzelle eines neuen Geistes dargestellt hatte. Waren doch die Ritter, die während des zweihundertjährigen ununterbrochenen Kampfes gegen die östlichen Feinde aus allen Gauen Deutschlands zusammenströmten, um im weißen Mantel mit dem schwarzen Kreuz für ihr Vaterland zu fechten, die besten Söhne des deutschen Volkes und seine kämpferische Auslese gewesen.

Ihre Tapferkeit und vor allem ihre Disziplin brachte die schwarzweiße Fahne zu jener hohen Ehre, die später den Erben dieses Ruhms und dieser Berufung ermöglichte, ganz Deutschland aus der Macht feindlicher Mächte zu erretten.

V.

Das Offizierstum

Die preußische Disziplin, diese bezeichnendste Prägung deutschen Geistes, verdankt sehr wesentliche Teile ihrer Staatsgesinnung jenen Ordensrittern, die als Pioniere deutschen Kulturwillens Jahrhunderte lang die Ortsgrenze des Reiches verteidigten. Der Kampf einer erlesenen Kriegerkaste für das Wohl des ganzen Volkes war der Grundgedanke des Deutschherrenwerkes. Dieser Gedanke war in einer Zeit, die nur dynastisch denken konnte, eine dem Gange der Zeit um Jahrhunderte vorauseilende Vorstellung.

Aber noch eine andere Anschauungsreihe erlebte im Preußentum seine Auferstehung nach langen Zeiten des Schlummers. Die stolze Verantwortungsbewußtheit des Wikingtums, vor allem aber der urgermanische Gefolgschaftsgedanke sollte, wie wir sehen werden, in erneuerter Form die Geschicke Mitteleuropas bestimmen. Denn das, was wir Verantwortungsfreudigkeit nennen, und was den wichtigsten Teil der eigentlichen preußischen Offiziersgesinnung ausmacht, ist weltanschaulich auf germanischem Boden erwachsen.

Das Wikingtum und damit der germanische Kampfbund war ohne Nachfolger abgestorben, weil seine mythische Grundlage, die Steigerung der Leistungen des Einzelnen über Menschenmaß hinaus, mit der Vernichtung des germanischen Väterglaubens zugrunde gegangen war. Dagegen hatte der Gefolgschaftsgedanke sich auch in christlicher Zeit entsprechend weiterentwickelt, wenn auch vielfach verändert durch die soziale Stellung, die der Adel seit dem Ende der Kreuzzüge erobert hatte. Aus der ehemaligen erlesenen Kriegsmannschaft des Volkes war ein in sich festgeschlossener Stand von Grundherren geworden, der eifersüchtig über seine ererbten oder verbrieften Rechte wachte und, wo immer er konnte, sich der direkten Dienstleistung beim Landesherrn entzog.

Es gab Zeiten, wo die Reichsfürsten ihrerseits mit dem widerspenstig gewordenen Adel geradezu zu kämpfen hatten. Die Folge davon war, daß sie ihrerseits in immer wachsendem Maße neuen Adel schufen, der dadurch von ihnen direkt abhängig war, daß er sein Land nicht aus eigenem Recht als „Freiherr", sondern als Lehnsträger besaß.

Ein nicht geringer Teil dieses Dienstadels ging aus dem Stande der Unfreien hervor, was nicht gerade geeignet war, die Spannung zwischen Fürsten und Geburtsadel zu verbessern.

Auf diese Weise entstand binnen verhältnismäßig kurzer Zeit ein Personenkreis, der zwar mit allen Rechten des Ritterstandes ausgezeichnet war, im Grunde aber nichts anderes darstellte als eine neue, und zwar sozusagen erbliche Gefolgschaft der dynastischen Häuser. Zu diesem Kreis gesellten sich außerdem die jüngeren Söhne des alten Adels, oder verarmte Freiherren, die durch Gunst des Geschicks oder der Fürsten wieder in die Höhe zu kommen hofften.

Aus beiden Schichten rekrutierten sich das rasch an Bedeutung zunehmende höhere Hofbeamtentum und der werdende Offiziersstand, dem seit der Bildung des stehenden Heeres eine ausschlaggebende Bedeutung im Staate zukam.

Wohl bestand in allen germanisch bestimmten Ländern Europas nach wie vor das alte Volksheer dem Namen nach fort. Aber die ständig sinkende Zahl der Vollfreien war durchaus nicht mehr imstande, den Anforderungen der Herrscher bei den sehr zahlreichen Kriegen Genüge zu leisten. Außerdem brauchten die Könige, deren Herrschaftsrechte durch den Übermut der Großen immer mehr geschmälert wurden, eine Streitmacht, auf die sie sich unbedingt verlassen konnten. Zuerst in Frankreich, aber wenig später auch in England, Italien und Deutschland entstanden Söldnerheere, zunächst aus Landeskindern unter der Führung des Hofadels bestehend, aber bald schon ohne jede Rücksicht auf Nationalität, und wo immer sich Dienstlustige fanden, angeworben.

Eine Zeitlang bestanden beide Einrichtungen, Volks- und Berufsheer, einträchtig nebeneinander. Die wachsende Bedeutung der Städte gab sogar dem alten germanischen Gedanken der allgemeinen Wehrpflicht einen neuen Aufschwung, da die Aufgebote der Städter sich als außerordentlich brauchbare Truppen erwiesen. Aber die ungeheure Langsamkeit im Funktionieren der völlig veralteten Reichsheere in Deutschland und Frankreich steigerte die zunehmende Bedeutung der Soldtruppen, unter denen die Schweizer Landsknechte (richtiger Lanzknechte) die größte Rolle spielten.

Bezeichnenderweise ging nun die im 17. Jahrhundert beginnende völlige Umbildung der Heeresorganisation vom Norden aus, und zwar war es Schweden, das seinem Heere zuerst einen gänzlich neuen Aufbau gab.

Man hatte dort, abgesehen von einigen wenigen, meist schottischen Söldnern, ein Berufsheer niemals nötig gehabt, weil für die Landesverteidigung der dort in ununterbrochener Tradition lebendig gebliebene Gedanke des Volksaufgebots stets ausgereicht hatte. Die Befreiung Schwedens von der dänischen Herrschaft durch Gustav Wasa ließ es nun aber als dringend nötig erscheinen, gegen plötzliche Überfälle jederzeit gewappnet zu sein, und so entstanden noch vor Ende des 16. Jahrhunderts jene ritterschaftlichen Kompanien, die den Grundstock des späteren mobilen Volksheeres bilden sollten. Als Gustav Adolf sich entschloß, mit der inzwischen zu einer sehr beachtlichen Größe angewachsenen schwedischen Streitmacht in die Wirren des Dreißigjährigen Krieges einzugreifen, war diese das bestorganisierte und waffengeübteste Heer Europas. Vor allem aber bestand sie nahezu ausschließlich aus Landeskindern, die unter ihren geborenen Führern, dem Adel ihres Landes, kämpften.

Ein neuer Typus Heer war damit geschaffen, und es war nur noch eine Frage der Zeit, daß diese ebenso zuverlässige wie brauchbare Organisationsform sich über nahezu alle europäischen Staaten verbreitete.

Damit war einerseits dem Hofadel ein neues, staatspolitisch außerordentlich bedeutsames Tätigkeitsfeld zugewiesen, andererseits aber der uralte Gedanke der Kampfgenossenschaft in einer Form wiedererneuert, die mit noch nie dagewesener Eindeutigkeit eine nationale Minderheit erlesener Männer zu Waffenträgern der Nation machte.

Bereits im Dreißigjährigen Kriege gingen einige kleinere Staaten, nach dem Vorbild Schwedens und Dänemarks, dazu über, ein regelrechtes stehendes Heer aus Landeskindern zu formieren, und diese landesherrlichen Truppen spielten sodann in den Kämpfen des Reichs gegen die Türken, allerdings zunächst nur neben dem durch seine Umständlichkeit fast unbrauchbar gewordenen Aufgebot, eine ausschlaggebende Rolle.

Während in den andern europäischen Ländern der Charakter des „Söldner- und Landsknechtsheeres" noch längere Zeit erhalten blieb, wobei sich der Übelstand herausbildete, die Offiziersstellen ohne Rücksicht auf Eignung und charakterliche Eigenschaften meistbietend zu verkaufen, entstanden in Deutschland bereits damals die ersten Truppenteile im modernen Sinn mit einem ausgesprochenen nationalen Offizierskorps.

Einige deutsche, auch heute noch bestehende Regimenter gehen bis in diese Zeit zurück, wie z. B. das älteste dieser Art, das 1. sächsische Artillerieregiment.

Mit dieser Entwicklung ging die Bildung eines eigentlichen Offiziersstandes Hand in Hand. Und zwar war die Tatsache der zunächst sehr schroffen standesmäßigen Abschließung dieser neuen Kriegerkaste nur die Folge davon, daß, wie es nach Lage der Sache damals gar nicht anders möglich war, Offiziersstellen ausschließlich mit Adeligen besetzt werden durften. Aus diesem Grunde war das neue Berufsheer, das eigentlich aus weltanschaulichen und praktischen Gründen alle Offiziere und Mannschaften zu einer unauflöslichen Einheit zusammenschließende Kampfgenossenschaft hätte sein müssen, zunächst für längere Zeit ein eigentümliches Zwitterwesen, bestehend aus zwei Menschenklassen, die durch die damals unbestreitbare Schranke des Standes völlig voneinander geschieden waren.

Man behandelte die Mannschaften, der Sitte der Zeit entsprechend, mit unnachsichtiger Härte, um sie zu einem brauchbaren Kriegsinstrument zu schulen, und man kann nicht gerade sagen, daß diese Menschenschinderei besonders geeignet war, den Gedanken der Volkseinheit zu stärken, der im 18. Jahrhundert die ersten bescheidenen Ansätze der Entstehung zeigte.

Preußen war es vorbehalten, auf diesem Gebiet eine völlige Umstellung der Verhältnisse zuwege zu bringen. Der große Kurfürst, der die außerordentliche Disziplin und die hervorragenden Kampfeigenschaften der schwedischen Truppen des Dreißigjährigen Krieges auf seine eigenen Soldaten zu übertragen wünschte, hatte eine große Anzahl altgedienter schwedischer Offiziere und Unteroffiziere in seinen Dienst genommen, weil er hoffte, dadurch den kühnen Geist und die aufrechte Gesinnung dieser damals besten Armee der Welt auf seine Leute übertragen zu können.

Diese „alten Schweden" schulten nicht nur das brandenburgisch-preußische Heer in vorbildlicher Weise, sondern schufen in ihm eine völlig neue Einstellung zum Krieg und zum Dienst am Volke.

Fortan war der preußische Offizier, wenn auch noch immer durch die Standesschranke von seinen Untergebenen getrennt, wieder der geborene Führer wie in den Zeiten des alten germanischen Volksheeres, weil er, durch Geburt für diese Laufbahn bestimmt, durch die neuentstehende Pflichtgesinnung zum Vorbild für seine Soldaten in bezug auf männliche Tugenden und Gesinnung wurde. Das Offiziersamt war fortan keine einträgliche Pfründe mehr, zumal der sehr sparsame preußische Staat diesen seinen „ersten Stand" recht dürftig bezahlte, sondern eine Berufung zu völliger Selbstentäußerung im Dienste nicht mehr des Fürsten, sondern des Volkes.

In diesem Sinne war selbst der König nur mehr der oberste Offizier und mithin der erste Diener des Staates. Wenn auch Friedrich der Große, den Zeitverhältnissen entsprechend, noch nicht dazu übergehen konnte, an Stelle der schroffen Absonderung des nach wie vor aus Adligen bestehenden Offiziersstandes, ein wahrhaftes Volksheer zu setzen, so bereitete er doch diese Entwicklung insofern vor, als unter seiner Führung die Armee weltanschaulich zu einer aktiven Einheit im Staatsleben wurde.

So war, auf mannigfachen Umwegen, wieder eine echte Kampfgenossenschaft im Sinne der altarischen Kriegerbünde entstanden, mit den gleichen weltanschaulichen Grundlagen, wie zur Zeit des Spartanertums, wenn auch mit völlig veränderten Organisationsformen. Die Rolle, die das preußische Heer für die deutschen Einheitsbestrebungen spielte, der Aufstieg Preußens als direkte Folge der friderizianischen Pflichtauffassung und die beherrschende Stellung des „Preußengeistes“ bei der Umformung des Reichsgedankens können hier als bekannt vorausgesetzt werden.

Festzustellen bleibt lediglich, daß alle diese großen historischen Wirkungen nicht möglich gewesen wären, wenn nicht der alte, kriegerische Geist der germanischen Kampfgenossenschaften dieses unvergleichliche Heer beseelt hätte, das, sei es im Siege oder in der Niederlage, mit gleicher Selbstverständlichkeit und Einsatzbereitschaft für das Volk sich opferte und es erst durch dieses hohe Vorbild der äußersten Pflichterfüllung zum Volke im Sinne einer ewigen Einheit machte.

VI.

Kampfbund der Neuzeit

Das Alte, Wurzelechte kann nie verlorengehen. Immer wieder bricht es, wenn fremde Einflüsse oder die politische Entwicklung es zeitweise in den Hintergrund drängten, mit elementarer Gewalt aus dem Urgrunde des Seins hervor, wenn es gilt, das Volk aus äußerster Not zu retten.

Dies trifft ebenso auf religiöse, kulturelle wie politische Belange zu. Genau so, wie die ursprüngliche Seelenhaltung unserer Rasse alle uns nicht artgemäßen Vorstellungen nach und nach aus von außen in unser Volk hineingetragenen Religionsbildungen ausscheidet, und genau so, wie auf dem Gebiete der Künste die unserm Artbild nicht entsprechenden fremden Formungen im Laufe der Zeit wieder verschwinden, zeigt auch die soziale Struktur unseres Volkes, daß die ihm eingeborenen, uralten gesellschaftlichen Formungen sich durch nichts völlig vernichten lassen.

Weder die unserm Wesen ausgesprochen entgegengesetzten Bestrebungen der Kirche des Mittelalters, noch aber der volksfremde Marxismus haben den Sinn für Mannestugend und Manneswert in der Nation ganz zum Erlöschen zu bringen vermocht. In Zeiten völkischer Not erhob sich stets und immerdar das rettende Vorbild des Helden, so wie es die Kampfbünde und die kriegerische Gesinnung vieler Jahrhunderte, ja Jahrtausende geformt hatten, und führte unser Volk einem neuen Morgen entgegen.

Bezeichnenderweise war es der Gedanke des Volksheeres gewesen, der in einer Zeit tiefster politischer Erniedrigung Deutschland davor rettete, ein Spielball in den Händen mächtigerer Nachbarländer zu werden. Das preußische Heer hatte gegenüber dem Schlachtenmeister Napoleon versagt. Nach Vernichtung seines großen mobilen Heeres sah sich Preußen außerstande, seine staatliche Existenz zu behaupten, wenn es nicht gelang, einen völlig neuen Gedanken dem Wiederaufbau des Heerwesens zugrunde zu legen.

Aber dieser rettende Gedanke bot sich sozusagen von selbst an. Tapfere Männer, wie Schill, hatten die „hochverräterische" Kühnheit besessen, die Gebiete der Ehre und der Soldatenpflicht über den Befehl des militärischen Vorgesetzten, ja sogar des Königs zu stellen.

Die ganze Welt horchte auf, als der Major Schill sein königlich preußisches Regiment trotz ausdrücklicher Gegenweisung zum Kampf gegen den Volksfeind führte. Es gab also, so spürte man, eine höhere, ewigere Autorität als den Willen des Staates, — eine Autorität, für die sein Leben zu lassen Heldenpflicht und Heldenruhm war.

Schill verblutete umsonst. Aber der von ihm ins Leben gerufene Freikorpsgedanke wurde zur Keimzelle neuer Kampfgesinnung und damit auch der Freiheit. Die Einführung der allgemeinen Wehrpflicht in Preußen, also die Wiederherstellung des alten germanischen Volksaufgebots, war überhaupt nur möglich, weil der Heldentod der freiwilligen Kämpfer für Ehre und Freiheit alle „Gutgesinnten“ zum Opfer des eigenen Lebens verpflichtete. Wie mit einem Schlage änderte die heldische Tat weniger entschlossener Männer die Gesinnung eines ganzen Volkes.

Denn tatsächlich war der Gedanke der allgemeinen Wehrpflicht, eben weil er die Opferbereitschaft jedes einzelnen Staatsbürgers zur selbstverständlichen Voraussetzung hatte, eine weltanschauliche Umwertung des Gesamtvolkes.

Nun erst zeigte sich übrigens, daß die friderizianische Staatsgesinnung durchaus nicht tot war. Das alte preußische Offizierkorps erlebte eine glorreiche Auferstehung im Befreiungskriege, – nicht weil es preußisch, sondern weil es vaterländisch dachte. Die zahlreichen Freikorps, die den Grundstock für den Wiederaufbau der Armee abgaben, wirkten weniger durch ihre Waffentüchtigkeit als durch ihre Begeisterung und rissen die ganze Nation in einem Sturme der Herzen mit sich fort.

Freilich war diese Entwicklung viel zu plötzlich gekommen, um ohne schädliche Rückschläge dauern zu können. Kaum waren die siegreichen Freiwilligen und Landwehrmänner nach Beendigung des Freiheitskrieges von 1813 ins bürgerliche Leben zurückgekehrt, da zeigte sich sogleich, daß die Zeit für eine grundlegende politische Umformung Deutschlands noch nicht reif war, und daß der elementare Durchbruch des Ehr- und Wehrgedankens noch nicht genügte, um die überalterten politischen Gebilde in neuem Geiste umzuformen.

Gleichwohl war ein wichtiger Schritt getan. Die Offiziersgesinnung hatte aufgehört eine Standesangelegenheit zu sein, und fortan fühlte und dachte das ganze Volk so wie jene opfermutigen Helden, die ihr Leben für Deutschlands Freiheit und Deutschlands Ehre hingegeben hatten. Diese Gesinnung bestimmte auch die weltanschaulichen Kräfte des ganzen vorigen Jahrhunderts. Der Werdegang des Zweiten Reiches, dieser wichtige Schritt zu einer wahrhaft deutschen Volkseinheit, war nur möglich, weil die friderizianische Pflichtgesinnung nunmehr das ganze Volk zusammenhielt.

Selbst die schweren Gefährdungen der liberalistischen Zeit vermochten das einmal Gewonnene nicht zu zerstören. Als das preußisch-deutsche Heer in den schwersten Kampf zog, den je eine Armee auszufechten hatte, standen selbst diejenigen Männer, die bisher einer nahezu entgegengesetzten Weltanschauung gehuldigt hatten, treu und aufrichtig zu den Pflichten, deren Erfüllung die soldatische Gesinnung des Preußengeistes als Selbstverständlichkeit forderte, – und diese Selbstverständlichkeit des Opfers des eigenen Lebens war sozusagen der Grundpfeiler der deutschen Staatsgesinnung.

Wir dürfen, wenn uns solche Formung heute als höchst natürlich und höchst selbstverständlich erscheint, niemals vergessen, daß der gewaltige Einfluß des Marxismus alles nur mögliche darangesetzt hatte, diese Einstellung zu vernichten.

Seine Wertungen, auf der materialistischen Welt- und Geschichtsauffassung aufgebaut, waren mit raffinierter Folgerichtigkeit auf den Gedanken der höchsten Wohlfahrt für das Einzelwesen im Rahmen einer kollektivistischen Gesellschaftsform gerichtet. Nichts war dem Marxisten verhaßter, aber auch verächtlicher als der Held, und alle Bosheit des jüdischen Intellekts ergoß sich mit konsequenter Folgerichtigkeit über das Bild unseres völkischen Lebensideals. Der Zusammenbruch von 1918 war die unausbleibliche Folge.

Die Gegenwirkung konnte nicht ausbleiben. Aus dem gesunden Lebensgrunde des Volkes erhob sich abermals, wie 100 Jahre vorher, das rettende Bild heroischer Selbstentäußerung. Wie mit einem Schlage waren auch die Organisationen wieder da, die von jeher in solcher Stunde der Bedrohung des Lebensmarkes die „Besten" oder „alle Guten" (wie wir es früher bei unserer Betrachtung der altarischen Kampfbünde kennengelernt haben) zusammenriefen zum gemeinsamen Werke des Wiederaufbaus. Die nationalen Freikorps, die in den Jahren nach dem Weltkriege nicht nur die soldatische Tradition aufrechterhielten, sondern bereits zu Keimzellen der Befreiung von Schmach und Schande wurden, waren nichts anderes als der wiederauferstandene Kriegerbund – die uralte Kampfgenossenschaft der Kameraden auf Gedeih und Verderb, die nun die Wiederaufrichtung Deutschlands in ihre starken Hände nahm.

Auf diesem Boden erwuchs die Kampforganisation unserer Partei. Es ist eine alte, ehrwürdige Tradition, auf die sie zurückblickt. Und doch bedeutete sie, in größerem Zusammenhange gesehen, etwas völlig Neues. Sie knüpfte bewußt nicht an die jüngsten Formen der Kampfbünde an, sondern griff zurück bis in jene ferne Vergangenheit, da das Wesensbild der sozialen Erscheinungen noch unverfälscht und rein dem Artbild unserer Rasse entsprach.

Nicht der preußische Heeresgehorsam wurde die Disziplinargrundlage des neuen Staates, sondern der Gefolgschaftsgedanke, – also eine Ehrbindung, die nicht den Vorgesetzten, sondern den Führer zum Subjekt des politischen Handelns macht.

Die Wiederauferstehung uralter Vorstellungen, die wir heute erleben, ist aber durchaus nicht ein willkürliches Zurückgreifen auf eine früher ohne Nachfolge abgestorbene Gesinnung, sondern ganz im Gegenteil: eine Selbstbesinnung auf das Ewige – auf die in uns nach langer Zeit der Überfremdung wieder zum Lichte drängenden Gebote nordischen Blutes. In diesem Sinne ist der Kampfbund, der sich heute erneut, eine heilige Gemeinschaft, und seine Wurzel ist der Glaube an die Macht höherer Gewalten – der Glaube an die Ewigkeit heldischer Berufung und an die Ewigkeit des Volkes.

Werke von Heinar Schilling

1914/19 **Gedichte I—III**
344 Seiten. Vergriffen.
Dresdner-Verlag, Dresden.

1915/19 **Studien und Meinungen I**
304 Seiten. RM 4,80.
Dresdner-Verlag, Dresden.

1916/19 **Historien I**
344 Seiten. RM 4,80.
Dresdner-Verlag, Dresden.

1923/29 **Das Königslied**
14 Bände zu je 150 Seiten. Je RM 15,—.
Hermann Böhlaus Nachf., Weimar.

1930/31 **Das Buch vom Staren**
(Erscheint demnächst.)
Nordland-Verlag, Magdeburg.

1931/34 **Germanische Geschichte**
592 Seiten. 24 Karten. RM 9,60.
Koehler & Amelang, Leipzig.

1933 **Weltgeschichte**
848 Seiten. 70 Karten. RM 4,80.
Weidmannsche Buchhandlung, Berlin.

1934 **Germanische Führerköpfe**
182 Seiten. RM 2,85.
Koehler & Amelang, Leipzig.

Germanische Urgeschichte
596 Seiten. 32 Karten.
In Vorbereitung.

Kleine Runenkunde
77 Seiten. 15 Abbildungen. RM 2,80.
Nordland-Verlag, Magdeburg.

1935 **Germanische Frauen**
211 Seiten. RM 2,85.
Köhler & Amelang, Leipzig.

Haithabu. Ein germanisches Troja
254 Seiten. 45 Bilder, 4 Karten. RM 4,80.
Koehler & Amelang, Leipzig.

Die Herrscher des Ersten Reiches
168 Seiten. 70 Bilder. RM 3,—.
Weidmannsche Buchhandlung, Berlin.

Kleine deutsche Geschichte
273 Seiten. RM 6,40.
Verlag Karl Siegismund, Berlin.

1936 **Germanisches Leben**
207 Seiten. 22 Bilder. RM 2,85.
Koehler & Amelang, Leipzig.

Das politische Weltbild
197 Seiten. 85 Bilder. RM 4,80.
Nordland-Verlag, Magdeburg.

Weltanschauliche Betrachtungen
166 Seiten. RM 3,60.
Friedr. Vieweg & Sohn, Braunschweig.

Gedichte IV—X (1920/36)
Etwa 300 Seiten.
In Vorbereitung.

1937 **Volk und Staat**
214 Seiten. RM 4,40.
Friedr. Vieweg & Sohn, Braunschweig.

Germanische Reiche
Etwa 600 Seiten. 30 Karten.
In Vorbereitung.

GPSR Compliance

The European Union's (EU) General Product Safety Regulation (GPSR) is a set of rules that requires consumer products to be safe and our obligations to ensure this.

If you have any concerns about our products, you can contact us on ProductSafety@springernature.com

In case Publisher is established outside the EU, the EU authorized representative is:

Springer Nature Customer Service Center GmbH
Europaplatz 3
69115 Heidelberg, Germany

Batch number: 10815962

Printed by Printforce, the Netherlands